근본이서면
길이 열린다

근본이 서면
길이 열린다

2015년 2월 2일 제1판 제1쇄 인쇄
2020년 4월 13일 제1판 제2쇄 발행

지은이   이현주
그린이   이창우
펴낸이   강봉구

펴낸곳   작은숲출판사
등록번호   제406-2013-000081호
주소   413-170 경기도 파주시 신촌로 21-30(신촌동)
서울사무소 100-250 서울시 중구 퇴계로 32길 34
전화   070-4067-8560
팩스   0505-499-8560

홈페이지   http://cafe.daum.net/littlef2010
이메일   littlef2010@daum.net

ISBN 978-89-97581-63-4 43810
값은 뒤표지에 있습니다.

내 인생의
첫 고전

논어

이현주 글
이창우 그림

작은숲

차례

 근본이 서면 길이 열린다

덕 있는 사람은 외롭지 않다

3 지나침은 모자람과 같은 것이다

잘못을 고치지 않는 잘못

이 책을 읽는 여러분에게

1

　논어는 중국 춘추시대에 큰 스승이셨던 공자기원전 551-479와 그 제
자들의 언행을 적어 놓은 책입니다. 그 가운데서 공자 말씀으로 알려
진 것들을 추려 그 뜻을 풀어 보았습니다. 그리고 거기에다 나의 모자
란 생각을 몇 마디 보태어 초등학교 상급반이나 중학생 정도면 읽을
수 있도록, 할 수 있는 대로 쉽게 써 보았습니다. 맘먹은 대로 잘 됐는
지 그건 모르겠습니다.

2

사금砂金이라는 게 있습니다. 개울이나 강 또는 바다 기슭에 쌓여 있는 모래와 자갈을 체에 담아 흐르는 물로 거르면 반짝거리는 금 알갱이들이 남습니다. 그것이 사금입니다. 사금 한 움큼을 얻으려면 엄청나게 많은 모래를 걸러 내야 합니다. 세상에는, 흔치는 않아도, 산더미처럼 쌓여 있는 모래더미 속에 묻혀 반짝거리는 금 알갱이 같은, 그런 사람들이 있습니다. 예수 선생의 말로 하면, 많은 사람들이 몰려서 흘러가는 '큰길'을 거슬러 '좁은 길'로 걷는 사람들입니다. 그런 사람들은 지난날에도 있었고, 지금도 있고, 앞으로도 있을 것입니다.

3

여러분이 어떻게 이 책을 손에 넣었는지 그건 모르겠으나, 아무튼 이 책을 지금 들고 있다는 사실이, 여러분이 오늘의 사금 알갱이일 수 있음을 말해 줍니다. 나는 반세기 넘도록 글을 썼지만 한 번도 괜한 헛소리로 글 장난을 치진 않았다고 생각합니다. 그러므로 거리낌 없이 말할 수 있습니다. 여러분이 이 책 마지막 문장까지, 억지로가 아니라 흥미롭게 읽는다면, 그렇다면, 틀림없습니다. 여러분은 이 시대의 숨어서 반짝거리는 금 알갱이입니다.

2015년 1월 관옥 이현주

일러두기

《논어》는 학이편, 위정편 등 모두 20편으로 구성되어 있습니다. 《논어》 중에서 초등
학교 고학년과 중학생들에게 도움이 될 만한 25개의 문장을 골라 이현주 목사님이
쉽게 풀어 썼습니다. 특히 다음 문장으로 넘어가기 전에 앞서 배운 문장을 보면서 익
히고 음미할 수 있도록 했습니다.

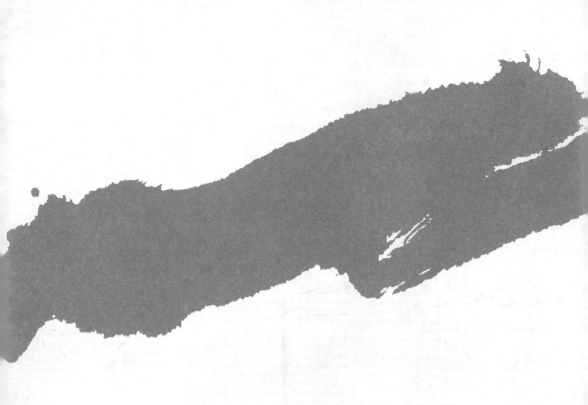

근본이 서면 길이 열린다

덕으로 정치를 하는 것은

무엇을 알면 안다 하고 모르면 모른다 하라

그림 그리기는 흰 바탕을 마련한 뒤에 할 일이다

활을 쏠 때 과녁 뚫기를 주로 하지 않는다

오직 한 길이 있을 뿐

군자는 의로움에 밝다

1

근본이 서면 길이 열린다

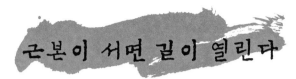

근본이 서면 길이 열린다

君子務本 本立而道生 _{군자무본 본립이도생}

군자는 근본에 힘을 쏟나니, 근본이 서면 길이 열린다.

이 글은 공자님 제자인 유자有子의 말로 알려져 있는데요, 공자님과 그 제자들의 언행_{말과 행실}이 기록되어 있는 《논어論語》 제1, 학이學而편에 실려 있답니다.

먼저 이 문장에 나오는 단어의 뜻부터 알아보기로 해요.

'군자君子'를 사전에서 찾아보니, '학식과 덕행이 높은 사람'이라고 풀이되어 있군요. 학식學識은 배워서 아는 것을 뜻하고 덕행德行은 어질고 너그러운 행실을 뜻하니까, '배워서 아는 것이 많고 언제 어디서나 마음을 착하고 너그럽게 쓰는 사람'을 가리켜 군자라고 할 수 있겠네요.

공자님 말씀에는 군자라는 말이 자주 나오는데요. 제대로 배워서 제대로 살아가는 사람을 가리킨다고 보면 되겠습니다. 한편 공자님은, 군자의 반대편에 있는 사람을 '소인小人'이라고 부르셨어요. 소인은 말 그대로 '작은 사람'이라는 뜻인데, 배우지 못해서 뭘 모르는 사람, 마음이 좁고 거친 사람, 언제 어디서나 저밖에 모르는 사람을 가리킵니다. 군자니 소인이니 하는 말은 앞으로 자주 하게 될 것 같으니, 오늘은 이만 하고 넘어갑시다.

근본[本]은 뿌리와 기둥이라는 말입니다. 모든 사물에는 그것을 있게 한 무엇이 그것보다 먼저 있는 법이지요. 땅에 씨를 심으면 싹이 돋기 전에 먼저 나오는 게 있는데 그게 바로 뿌리지요. 뿌리가 먼저 나오고 그 다음에 싹이 돋는 겁니다. 한자漢字로는 본本이라고 해요. 한자는 사물의 모양을 보고서 만든 글자인데, 본은 나무의 아래 부분에 작대기를 그어 만들었어요.

나무 아래에 무엇이 있나요? 뿌리가 있지요. 나무에는 가지도 있고 줄기도 있고 잎도 있고 꽃도 있고 열매도 있지만 그것들 가운데 가장 먼저 나오고, 다른 모든 것들을 나오게 하는 것이 바로 뿌리랍니다. 뿌리에서 가지도 나오고 줄기도 나오고 잎도 나오고 꽃도 나오고 마침내 열매도 나오는 거예요. 그러기에 나무한테 가장 중요한 것은 뿌리입니다. 뿌리가 마르면 나무는 죽고 말거든요.

나무만 그런 게 아닙니다. 세상의 모든 사물에는 그것의 뿌리근본가 있어요. 사람은 어머니 아버지가 뿌리예요. 모든 사람이 어머니 아버지한테서 나왔으니까요. 한 나라의 뿌리는 무엇일까요? 물어볼 것 없이 그 나라에 사는 사람들이지요. 사람이 없는데 어떻게 나라가 있을 수 있겠어요? 이와 같이, 그것이 없으면 다른 모든 것이 따라서 있을 수 없는 것을 가리켜 '근본'이라고 합니다.

그러므로 "군자가 근본에 힘을 쏟는다."君子務本라는 말은, 근본을 무엇보다 소중하게 여기고 다른 어떤 일보다 먼저 근본을 바로 세우는 일에 힘을 쏟는다는 말이 되겠습니다.

예수님께서 제자들에게 말씀하셨어요.

그러므로 내가 너희에게 말한다. 목숨을 부지하려고 무엇을 먹을까, 무엇을 마실까, 또 몸을 보호하려고 무엇을 입을까 걱정하지 마라. 목숨이 음식보다 소중하고 몸이 옷보다 소중하지 않으냐? 하늘의 새들을 눈여겨보아라. 그것들은 씨를 뿌리지도 않고 거두지도 않을 뿐만 아니라 곳간에 모아들이지도 않는다. 그러나 하늘의 너희 아버지께서 그것들을 먹여 주신다. 너희는 그것들보다 더 귀하지 않으냐? 하늘의 너희 아버지께서는 이 모든 것이 너희에게 필요함을 아신다. 너희는 먼저 하느님의 나라와 그분의 의로움을 찾아라. 그러면 이 모든 것도 곁들여 받게 될 것이다.

(마태 6, 25-33)

예수님의 이 말씀 또한 먼저 근본에 힘쓰라는 거예요. 하느님의 나라와 그분의 의로움을 찾는 것이 인생의 근본을 세우는 일이라는 말씀이지요. 무엇을 먹을까, 무엇을 입을까, 그런 것을 걱정하지 말고 어떻게 하면 하느님의 뜻을 이루어 드릴 수 있을까, 어떻게 하면 하느님께서 "옳다. 잘했다."하고 말씀하시도록 살아갈 것인가, 그걸 걱정하라는 겁니다. 그렇게 하면 먹을 것과 입을 것을 하느님께서 모두 마련해 주신다는 거예요.

"근본이 서면 길이 열린다." 本立而道生(본립이도생)

뿌리가 살면 가지가 뻗고 줄기가 자라고 잎이 달리고 꽃이 피고 열매가 맺힌다는 말입니다. 사람이 하느님의 뜻을 잘 알아서 그대로 순종하여 살면 일거리도 생기고 돈도 벌고 이름도 알려지고, 그래서 많은 업적業績, 해놓은 일을 남기게 되는 거예요.

보세요. 훌륭한 성인들, 복자들 모두가 어떻게 하면 좋은 옷을 입을까, 좋은 집에 살까, 세상에 이름을 널리 알릴까, 그래서 인기를 끌 수 있을까, 그런 것들에는 조금도 한눈을 팔지 않으셨잖아요? 그 대신, 어떻게 하면 하느님의 뜻을 받들어서 그대로 따라 살 것인가, 오직 그것만 생각하고 그 일에만 힘을 쏟으셨지요.

그래서 성인도 되고 복자도 되고, 비록 그런 이름을 얻지 못했어도 하늘 아래 부끄러울 것 없는 훌륭한 '하느님의 사람'으로 살았던 겁니다. 그분들이야말로, '근본에 힘을 쏟은 군자'務本君子(무본군자)였다고 하겠습니다.

1편 君子군자는 務本무본이니, 本立而道生본립이도생이라.

군자는 근본에 힘을 쏟나니, 근본이 서면 길이 열린다.

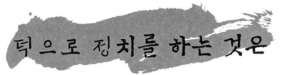

덕으로 정치를 하는 것은

爲政以德, 譬如北辰 居其所 而衆星共之

위정이덕, 비여북신 거기소 이중성공지

덕으로 정치를 하는 것은, 북극성이 제자리에 있어 뭇별이 그를
중심으로 돌아가는 것과 같다 하겠다.

공자님의 이 말씀은 《논어論語》 제2, 위정爲政편 첫머리에 나옵니다.

정치政治라는 말 들어 보셨지요? 간단히 말하면, 나라 일을 맡아서
하는 것이라고 할까요? 국민들이 저마다 건강하고 행복하게 살 수
있도록 법을 만들거나 그밖에 필요한 일을 맡아서 하는 사람을 정치
인 또는 정치가라고 합니다.

우리나라는 5년에 한 번씩 대통령을 새로 뽑지요. 대통령이 밥 먹
고 하는 일이 바로 정치랍니다. 학교 선생님에게는 가르치는 게 일이
듯이, 대통령에게는 정치하는 게 일이지요. 물론, 대통령 혼자서 정

치를 하는 건 아니에요. 국회의원들도 정치를 직업으로 삼은 사람들이거든요.

정치가 무엇이냐고 제齊나라 경공이 물었을 때, 공자님은 이렇게 대답합니다.

"임금은 임금 노릇을 하고, 신하는 신하 노릇을 하고, 아비는 아비 노릇을 하고, 자식은 자식 노릇을 하는 것이 정치올시다."

그러니까 백성들이 저마다 자기 맡은 일을 잘하면서 살아가게 하는 것을 정치라고 하겠습니다.

그런데, 정치가들이 정치를 하는 데도 여러 방법이 있어요. 총이나 칼 따위 무력武力으로 나라를 다스릴 수도 있고그럴 경우 백성들은 정치하는 사람을 무서워하면서도 속으로는 싫어하고 깔보게 되지요, 법을 만들어 그것으로 다스릴 수도 있는데, 공자님은 다른 모든 방법보다 덕德으로 나라를 다스리는 정치가 가장 훌륭한 정치라고 하셨습니다. 그걸 덕치德治라고 합니다.

덕德이란 말은, 하늘이 사람에게 주신 맑고 깨끗한 마음이 구겨지지 않고 곧장 겉으로 표현되는 것을 뜻한다고 보면 됩니다.

예수님께서 "제 뜻대로 마시고 아버지 뜻대로 하십시오." 하고 기도 드리셨잖아요? 그렇게 해서 하느님의 뜻이 구겨지거나 비틀리지 않고 그대로 예수님을 통해서 이루어졌지요. 그걸 가리켜 예수님께서 덕을 이루셨다고 말할 수 있는 거예요. 힘도 아니고 법도 아닌, 덕으로 나라를 다스리는 게, 바로 최고의 정치란 말입니다.

그런 정치를 누가 할 수 있을까요? 본인의 삶 자체가 덕스럽지 못한 사람이 덕치德治를 할 수 있을까요? 어림없는 일이지요! 그래서 공자님은 덕으로 나라를 다스리는 사람을 밤하늘의 북극성北極星에 견주어 말씀하셨던 겁니다.

북극성은 알다시피 붙박이별, 자기 자리를 한결같이 지켜 언제 보아도 늘 그 자리에서 빛나는 별입니다. 그래서 나침반이 없던 시절에, 사람들은 어두운 밤에 방향을 찾기 위해 북극성을 쳐다보았지요. 북두칠성을 비롯하여 모든 별들이 북극성을 중심 삼아 넓은 하늘을 빙글 돌고 있거든요. 태양계의 모든 별들이 태양을 중심으로 돌듯이 말입니다.

그런데 재미있는 것은 북극성이 억지로 다른 별들을 돌리고 있는 게 아니라, 모든 별들이 스스로 북극성을 중심 삼아 돌아가고 있다는 점이에요. 이는 그냥 재미있는 정도가 아니라 아주 중요한 사실입니다.

그러니까 공자님은 지금, 스스로 나서서 힘이나 법으로 백성을 이끌어 가겠다는 정치가들이 아니라, 한결같이 자기 자리를 지키며 하늘의 뜻에 순종하여 자기에게 맡겨진 일을 감당하는 저 북극성 같은 덕인德人, 덕이 있는 사람에 의해서 훌륭한 정치가 이루어진다고 말씀하시는 거예요.

예수님께서는 바로 그런 분이셨습니다. 그분은 오로지 하느님 아버지께서 당신에게 주신 일을 이루기 위하여 사신 분이셨어요.

나는 아무것도 스스로 할 수 없다.

(요한 5, 30)

하고 말씀하신 예수님께서는 그 이유를

나는 내 뜻이 아니라 나를 보내신 분의 뜻을 실천하려고 하늘에서 내
려왔기 때문이다.

(요한 6, 38)

라고 설명하십니다.

바로 그 자리, 그 일을, 예수님께서는 올곧게 한결같이 지키셨어
요. 저 밤하늘 북극성처럼! 그래서 많은 사람들이 그분을 중심에 모
시고 스스로 자기 궤도를 따라서 돌아가고 있는 겁니다.

여기서 한 가지 꼭 알아 두어야 할 것은, 아무리 작은 사람에게도
예수님께서는 억지를 부리지 않으셨다는 사실이에요. 그분은 제자
들에게 "나를 따라오라."하고 말씀하셨지만 안 가겠다는 사람을 억
지로 끌고 가지는 않으셨습니다. 또, 당신을 등지고 떠나겠다는 사람
들을 억지로 붙잡지도 않으셨지요.

가장 좋은 정치는 이렇게, 눈곱만치도 억지를 부리지 않는, 그런

정치인 것입니다.

12세기 영국의 시토회 수도원장이었던 리보의 엘레드 수사님이 드린 기도입니다.

"좋으신 예수님, 당신의 가르침은 소리 없이 흐릅니다. 당신의 복음은 웅변하는 혀로 우리 귀를 압박하지 아니하고, 당신의 온유한 마음을 통해 우리 가슴 속으로 스며듭니다. 당신 음성은 긴장되지도 않고 날카롭지도 않습니다. 우리에게 당신 말을 들으라고 강요하지도 아니하십니다. 다만, 제게 마음을 열라고 권하실 뿐이지요. 우리가 마음을 열면 당신 사랑은 소리 없이 스며들어 우리 영혼을 적십니다."

2편

爲政以德위정이덕은,
譬如北辰비여북신이 居其所거기소어든
而衆星이중성이 共之공지니라.

덕으로 정치를 하는 것은,
북극성이 제자리에 있어
뭇별이 그를 중심으로 돌아가는 것과 같다 하겠다.

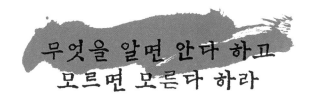

무엇을 알면 안다 하고 모르면 모른다 하라

知之爲知之 不知爲不知 是知也

지지위지지 부지위부지 시지야

무엇을 알면 안다 하고, 모르면 모른다 하라. 그렇게 하는 것이 아는 것이다.

공자님의 이 말씀은 《논어論語》, 제2 위정爲政편에 있는데요, 자로子路라는 제자에게 하신 말씀입니다. 공자님은 이 말씀을 하시기 전에,

"너에게 안다는 것이 어떤 것인지를 가르쳐 주겠다."

고 하셨지요.

자로子路는 공자님보다 아홉 살 아래였는데 아주 용감한 장군이었답니다. 아마 힘도 세고 무술도 뛰어났겠지요. 대개 그런 사람이 무슨 일을 할 때 급하고 거칠고 그렇잖아요? 자로는 평소에 뭘 모르면

서 아는 척, 자주 허풍을 떨었던 모양입니다. 그래서 어느 날, 공자님이 그를 앉혀 놓고 위의 말씀을 들려주셨던 거예요.

사람이 하는 일에는, 그 일이 무슨 일이든, 진짜가 있고 가짜가 있게 마련이에요. 어쩌면 이 세상에 낮이 있고 밤이 있듯이, 양지가 있고 음지가 있듯이, 사람들 하는 일에도 진짜와 가짜가 있을 수밖에 없나 봅니다.

자로가 무엇을 모르면서 "내가 안다!"하고 큰소리를 쳤다면 그건 거짓말을 한 거예요. 거짓말이 뭡니까? 가짜 말이지요. 사실이 그런데 그렇지 않다 하고, 사실이 안 그런데 그렇다 하면 그게 거짓말이고 가짜 말 아니겠어요?

자로가 자꾸 뭘 모르면서 안다고 하니까, 스승님이 이렇게 말씀하십니다.

"네가 무엇을 안다고 하는데, 진짜로 안다는 것은 그런 게 아니다. 참된 앎은 네가 아는 '무엇'에 있지 않고 그 무엇을 아는 '너'한테 있는 것이다. 무슨 말이냐 하면, 네가 소나무에 대하여 무엇을 안다고 할 때 정말 네가 알아야 할 것은 소나무가 아니라 너 자신이라는 얘기다.

사실 너는 소나무를 안다고 생각하지만 네가 소나무에 대하여 알고 있는 것은 소나무의 아주 작은 한 부분일 뿐이다. 네가 정말 소나무의 모든 것을 안다고 할 수 있느냐? 이 세상에 소나무의 모든 것을

안다고 말할 수 있는 사람은 아무도 없다. 그것은 내가 우주를 안다고, 하늘과 땅에 있는 모든 것을 안다고 말하는 것과 같기 때문이다.

그러니 너는 소나무에 대하여 아는 것보다 모르는 것이 훨씬 많다고 해야 한다. 백 개 가운데 아흔아홉 개를 모르고 겨우 한 개를 알면서 백 개 모두를 알았다고 할 수 있겠느냐? 너의 진정한 지식은 어떤 무엇을 아는 데 있지 않고 너 자신을 아는 데 있다. 이제부터는 자신을 살펴서, 알면 안다 하고 모르면 모른다 하여라. 그렇게 자기를 아는 것이 참으로 아는 것이다."

소크라테스 선생님이 제자들에게 말씀하셨다지요?

"나는 내가 모른다는 것을 안다. 그러나 너희는 너희가 모른다는 것을 모른다."

무슨 말씀일까요? 당신이 무엇에 대하여 제자들보다 더 많이(더 잘) 안다는 게 아니에요. 사람이 무엇을 안다고 하지만 사실은 그것에 대하여 아는 부분보다 모르는 부분이 훨씬 많기 때문에, "안다."고 하기보다는 "모른다."고 하는 것이 정직한 사람의 말이지요. 그런데, 지금 선생님은 그걸 알아서 "나는 모른다."고 말하지만 제자들은 그걸 몰라서 "나는 안다."고 말하는 겁니다. 그러니까 소크라테스 선생님은, 공자님이 그러셨듯이, 다른 무엇을 아는 것이 아는 게 아니고 너 자신을 아는 게 참으로 아는 것이라고 말씀하신 거예요.

공자님의 이 말씀은 단순히 아는 건 안다고, 모르는 건 모른다고 정직하게 말하라는 뜻이 아닙니다. 그런 뜻으로 하신 말씀이었다면 '안다[知]는 게 무엇인지' 가르쳐 주마고 하지 않고 '정직한 게 무엇인지' 가르쳐 주마고 하셨겠지요. 지금 공자님은 소크라테스 선생님처럼, 이렇게 말씀하시는 겁니다.

"너 자신을 알라. 그것이 사람에게 필요한 참되고 유일한 지식이다."

그래요. 내가 무엇을 얼마나 많이 알고 있느냐보다 그것을 알고 있는 내가 어떤 사람이냐가 훨씬 더 중요합니다. 같은 칼도 요리사 손에 잡히면 맛있는 음식을 만들지만, 강도 손에 잡히면 사람을 죽일 수 있잖아요?

생각해 봅시다. 내가 지금 밥을 먹습니다. 내가 먹는 밥이 더 중요합니까? 아니면 밥을 먹고 있는 내가 더 중요합니까? 누가 누구의 주인이지요? 밥이 내 주인인가요? 밥을 위해서 내가 지금 밥을 먹고 있는 건가요? 그건 아니지요. 내가 밥의 주인이에요. 내가 지금 밥을 먹는 것은 밥을 위해서가 아니라 나를 위해서입니다. 사람이 쓰는 돈이 더 소중합니까? 돈을 쓰는 사람이 더 소중합니까? 물어보나 마나 사람이 더 소중하지요.

하지만 세상에는 자기가 먹는 밥, 자기가 쓰는 돈을 자기보다 더 소중하게 여기는 사람들이 있답니다. 바보라고요? 예, 그래요, 바보들이지요. 그런데 세상에는 그런 바보들이 바보 아닌 사람들보다 더 많으니 얼마나 우습고 딱한 일입니까?

요즘에만 그런 게 아니라 옛날 예수님이 살아 계실 때도 그랬어요.

예수님께서 안식일에 밀밭 사이를 가로질러 가시게 되었다. 그런데 그분의 제자들이 밀 이삭을 뜯어 손으로 비벼 먹었다. 바리사이 몇 사람이 말하였다. "당신들이 어째서 안식일에 해서는 안 되는 일을 하오?" 그러자 예수님께서 그들에게 대답하셨다. "다윗과 그 일행이 배가 고팠을 때, 다윗이 한 일을 읽어 본 적이 없느냐? 그가 하느님의 집에 들어가, 사제가 아니면 아무도 먹어서는 안 되는 제사 빵을 집어서 먹고 자기 일행에게도 주지 않았느냐?" 이어서 그들에게 말씀하셨다 "사람의 아들이 안식일의 주인이다."

(루카 6, 1-5)

예수님께서 제자들에게 말씀하셨다. "사람이 온 세상을 얻고도 제 목숨을 잃으면 무슨 소용이 있겠느냐?"

(마태 16, 26)

맞아요. 사람이 안식일의 주인입니다. 마찬가지로 사람이 지식의 주인인 거예요. 온 세상을 다 안다 하여도 자신을 모르면 그 모든 지식은 아무것도 아닌 겁니다. 우리가 참으로 알아야 할 것은, 다른 무엇이 아니라 바로 우리 자신이에요.

2편 知之爲知之지지위지지요 不知爲不知부지위부지,
是知也시지야니라.

아는 것을 안다고 하고 모르는 것을 모른다고 하는 것이,
이것이 아는 것이다.

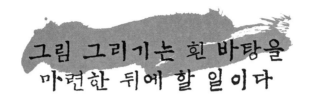

그림 그리기는 흰 바탕을 마련한 뒤에 할 일이다

繪事後素 회사후소

그림 그리기는 흰 바탕을 마련한 뒤에 할 일이다.

공자님의 이 말씀은 《논어論語》 제3, 팔일八佾편에 있는 말씀입니다.
하루는 공자님 제자들 가운데 하나인 자하子夏가 아래 시를 읽고
무슨 뜻이냐고 스승님께 여쭈었어요.

어여쁜 웃음에 보조개여!
아름다운 눈에 검은 동자여!
흰 바탕에 칠해진 색깔이여!

그러자 공자님은 이렇게 대답하셨지요.

"그림 그리기는 흰 바탕을 마련한 뒤에 할 일이다."

그림을 그리려면 그리기 전에 먼저 흰 종이가 있어야 하지 않겠어요? 아무리 뛰어난 화가라도 그림 그릴 종이가 없는데 무슨 수로 재주를 펼쳐서 아름다운 그림을 그리겠습니까?

그런데요, 그걸 누가 모르나요? 다 알지요. 그럼 공자님은 누구나 다 알고 있는 얘기를 왜 새삼스럽게 하시는 걸까요?

그것은 모두 알고 있으면서도 그렇다는 사실을 까맣게 잊고 살기 때문이랍니다. 아무리 좋은 보물이 집에 있으면 뭘 해요? 그게 집에 있는 줄을 모르고 산다면, 있어도 없는 거나 마찬가지죠.

제자가 아침에 일어나 스승님께 안녕히 주무셨느냐고 인사를 한 다음 이렇게 묻습니다.

"하루 해가 밝았습니다. 소감所感, 느낀 점이 어떠신지요?"

"음, 내가 이 눈으로 동산에 떠오르는 해는 보았다만 저 해가 서산 너머로 지는 것을 볼 수 있을는지 그건 모르겠구나."

해가 떴다가 지는 그 사이에 죽을 수 있다는 얘기지요. 사람이란 어느 순간 어찌 될는지 알 수 없는 그런 존재거든요.

제자가 다시 스승님께 묻습니다.

"스승님, 그거야 누구라도 그렇지 않겠습니까?"

그러자 스승님이 대답합니다.

"그래, 모두가 그렇지. 그러나 그게 그런 줄을 몸으로 느끼며 사는 사람이 몇이나 되겠느냐?"

그림을 그리기 전에 먼저 흰 종이가 있어야 한다는 걸 누가 모르겠어요? 그림뿐이 아니지요. 사람이 하는 일이 모두 그래요. 집을 지으려면 기둥을 세우고, 벽을 바르기 전에 먼저 집터를 다져야 합니다. 노래를 하려면 좋은 목소리가 있어야 하고, 마라톤을 하려면 튼튼한 발과 심장이 있어야 하는 거예요.

무엇이 있다는 것은 그것과 함께 그것을 밑에서 받쳐 주는 바탕이 있다는 말입니다. 이때에 먼저 있는 것은 바탕이지요. 흰 종이가 먼저 있고 나서 그림이 있는 거예요. 그 반대는 아닙니다. 그림이 있은 뒤에 흰 바탕이 있는 것은 아니란 말입니다.

그림과 흰 종이, 이 둘 가운데 어느 쪽이 더 중요할까요?

예, 물어보나 마나 흰 종이지요. 흰 종이 없이는 그림이 있을 수 없지만, 그림 없어도 흰 종이는 있을 수 있으니까요.

그런데 이렇게 누구나 생각해 보면 다 알 수 있는 기본 상식을 사람들이 까맣게 잊어버리고 살거든요. 그래서 그림을 볼 때에도 겉으로 그려진 선과 색깔만 보고, 그것들을 그런 모양으로 있게 해 주는 흰 바탕에 대해서는 아무 생각도 하지 않는 겁니다. 밤하늘을 볼 때에도 그래요. 거기 반짝이는 별들을 보면서 감탄하는 사람들은 많지만, 그것들을 그렇게 빛나게 해 주는 별과 별 사이의 검은 허공을 보고서 감탄하는 사람이 얼마나 되겠어요? 하지만, 그렇게 아무것도 없는 텅 빈 공간이 없다면 반짝이는 별들의 아름다움은 있을 수 없는 것입니다.

　사람들은 겉으로 드러난 행동을 보지만 하느님께서는 속마음을 들여다보십니다. 사람의 모든 행동은 그의 속마음에서 나오는 것이니까요. 그러니까 겉으로 나타나는 행동보다 속에 품은 마음을 바르게 해야 하는 거예요. 바른 마음에서 바른 행동이 나오고 비뚤어진 마음에서는 비뚤어진 행동이 나오게 되어 있거든요.

　율법 학자들이 예수님께, 어째서 당신 제자들은 더러운 손을 씻지 않고 음식을 먹느냐고 따지듯이 물었을 때, 예수님께서는 이렇게 대답하셨습니다.

　입으로 들어가는 것이 사람을 더럽히지 않는다. 오히려 입에서 나오는 것이 사람을 더럽힌다.

(마태 15, 11)

　나중에 제자들이, 입에서 나오는 게 뭐냐고 여쭙자 예수님께서는 말씀하시지요.

　입에서 나오는 것은 마음에서 나오는데 바로 그것이 사람을 더럽힌다.

(마태 15, 18)

그래요. 먼저 흰 바탕이 마련되어야 그림을 그릴 수 있듯이, 마음이 먼저고 행동은 나중입니다.

어떻게 하면 멋있고 화려한 모습으로 많은 사람들의 눈길을 끌 수 있을까? 사람들이 이런 궁리를 하느라 마음이 바쁠 때 공자님이 그 자리에 계셨다면 한마디 하셨겠지요.

"바로 그 '마음'부터 깨끗이 청소하여라. 그러지 않고서는 멋있고 화려한 모습을 보여 줄 수 없을 것이다."

맞아요. 그림 그릴 종이는 희어야 해요. 아무 색깔도 칠해지지 않은 상태로 깨끗해야 합니다. 그게 바로 깨끗한 마음인 거예요.

행복하여라, 마음이 깨끗한 사람들! 그들은 하느님을 볼 것이다.

(마태 5, 8)

3편 **繪事後素** 회사후소

그림 그리기는 흰 바탕을 마련한 뒤에 할 일이다.

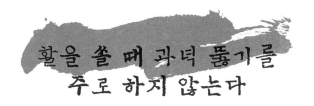

射不主皮 사부주피

공자님의 이 말씀은 《논어論語》 제3, 팔일八佾편에 있는 말씀입니다.

활을 쏠 때 과녁 뚫기를 주로 하지 않는다. 사람들 힘이 모두 같지 않기 때문이다. 옛날에는 그랬다.

"옛날에는 그랬다."는 말에는 두 가지 뜻이 들어 있어요. 하나는 요즘은 그러지 않는다는 뜻이고, 다른 하나는 그래서 잘못되었다는 뜻이지요.

공자님이 말씀하시는 '옛날'은 사람들이 도道를 좇아서 제대로 살던 때를 가리킨다고 보면 됩니다. 도를 좇아서 제대로 산다는 말은, 사람이 무엇을 할 때 하느님께서 세워 주신 자연의 법에 따라서 억지를 부리지 않는다는 뜻이에요. 예를 들어, 두 사람이 일을 하는데 한 사람은 힘이 세고, 다른 사람은 힘이 약하다고 합시다. 그럴 경우, 두 사람한테 똑같은 일거리를 주고 똑같은 시간에 끝내라고 한다면 어떻게 되겠어요? 힘이 센 사람은 벌써 다 끝내고 노는데 약한 사람은 아직도 끙끙거리고 있지 않겠습니까? 그런 걸 가리켜 부당하다고, 옳지 않다고 하는 거예요. 힘센 사람에게는 일을 더 주고 약한 사람에게는 일을 덜 주고, 그것이 자연의 도道를 좇아 일을 시키는 것입니다.

옛날에는 활을 쏠 때 과녁 뚫기를 주로 하지 않았다, 그러니까 요즘에는 사람들이 활을 쏠 때 과녁 뚫기를 주로 한다는 말인데, 무슨 뜻으로 하신 말씀일까요?

양楊아무 선생의 설명에 따르면, 과녁을 맞히는 것은 누구나 배워서 할 수 있지만 과녁을 뚫는 것은 힘 있는 사람만 할 수 있거니와, 옛날에는 과녁 맞히는 것을 주로 삼았으나 요즘은 과녁 뚫기를 주로 하고 있으니 그것이 잘못되었다는 겁니다.

과녁 맞히기를 주로 하면 누구나 배워서 할 수 있으니까 공평하지만, 과녁 뚫기를 주로 하면 힘센 사람은 유리하고 약한 사람은 불리하지 않겠어요? 헤비급 선수와 라이트급 선수를 나란히 링 위에 올려놓고 권투를 시키는 것과 다를 바가 없지요.

공자님 말씀은, 옛날에는 힘센 사람이나 약한 사람이나 모두 자신이 지닌 힘만큼 일을 하며 공평하게 잘 살았는데 요즘은 힘센 사람에게는

유리하고 약한 사람에게는 불리한 그런 세상이 되었다는 것입니다.

예수님께서 들려주신 이야기예요.

포도밭 주인이 이른 아침 일꾼들에게 하루 한 데나리온[1]을 주기로 약속하고 일을 시킵니다. 아침 아홉 시쯤에 장터에 나갔다가 일 없이 서 있는 사람들을 보고 주인은 "당신들도 포도밭으로 가시오. 정당한 삯을 주겠소."하고 그들을 포도밭으로 보내지요. 열두 시와 오후 세 시쯤에도 그렇게 합니다. 오후 다섯 시가 되어 거리에 나가 보니 여태 일이 없어서 어슬렁거리는 사람이 있는 겁니다. "당신들은 왜 온종일 하는 일 없이 여기 서 있소?" "아무도 우리를 사지 않았기 때문입니다." "당신들도 포도밭으로 가시오."

하루해가 저물어 일꾼들에게 삯을 주는데, 주인이 맨 나중에 와서 일한 사람들에게 한 데나리온씩 주는 겁니다. 이른 아침부터 일한 사람들이, '우리는 더 많이 주겠지.' 생각하고 있는데 웬걸 자기들한테도 한 데나리온씩 주는 거예요. 투덜대는 그들에게 주인이 이렇게 말하지요. "당신들에게 약속한 대로 한 데나리온씩 주지 않았소? 당신들 삯이나 받아 가시오. 나는 맨 나중에 온 이 사람들에게도 당신들에게처럼 품삯을 주고 싶소. 내 것을 가지고 내가 하고 싶은 대로 할 수 없단

---

[1] 고대 로마 신약 시대의 은화 단위. 당시 노동자의 하루 임금에 해당되는 값어치가 있던 돈이다.

말이오?"

(마태 20, 1-15)

예수님께서는 왜 이런 이야기를 만들어서 들려주셨을까요? 이른 아침부터 일한 사람과 저녁때 와서 일한 사람에게 똑같이 한 데나리온을 주다니요. 그런 법이 어디 있습니까? 평생토록 회사에서 일한 사장님과 회사에 갓 들어온 직원이 똑같은 봉급을 받는다? 요즘 세상에서는 아마도 그런 일을 볼 수 없을 거예요.

하지만, 예수님께서 세상을 다스리시면, 지금이라도 그럴 수 있고 그렇게 되리라는 말씀입니다. 누가 얼마나 많은 일을 했느냐가 아니라, 일을 했느냐 하지 않았느냐를 봐서, 일을 했으면 얼마나 많이 했느냐, 얼마나 오래 했느냐에 상관없이 똑같은 삯을 주는 겁니다.

활을 쏘아서 과녁을 맞혔느냐 맞히지 못했느냐를 보아, 맞혔으면 화살이 과녁에 얼마나 깊숙이 박혔느냐, 또는 과녁을 뚫었느냐 못 뚫었느냐에 상관없이 똑같은 점수를 주는 거예요.

공자님은 옛날 사람들이 그랬다고 말씀하시고, 예수님은 지금이라도 하느님 나라가 이루어지면 그렇게 되리라고 말씀하십니다. 두 분모두 '공평한 세상'을 말씀하시는데, 그게 사람들이 만들어 살아가고 있는 제도와 관습으로 보면 매우 불공평한 세상이지요.

어째서 이렇게 전혀 다른 '계산'을 하게 되는 걸까요? 답은 간단합니다. 사람들이 무엇을 할 때, 그 일의 '결과'를 놓고 보면 서로 다르게 점수를 매길 수 있지만, 일의 결과보다 일 자체를 놓고 보면 모두 같은 점수를 매길 수밖에 없지 않겠어요?

활을 쏘아서 과녁을 맞히는 것은 누구나 연습하면 할 수 있는 일이지만, 가죽으로 된 과녁을 뚫는 것은 힘센 사람에게는 유리하고 약한 사람에게는 불리한 일이지요. 포도밭에 가서 일을 하는 것은 누구나 다 할 수 있지만, 언제부터 일을 하느냐는 것은 일꾼이 정하는 게 아니잖아요? 저녁때까지 놀고 있던 사람들은, 일이 있는데 하지 않은 게 아니라 아무도 자기를 써 주지 않아서 그러고 있었으니까요.

사람들이 얼마나 '많이' 거두었느냐에 따라서 1등, 2등, 3등을 가려 상을 주고 벌을 주는 세상에서, 누구든지 제힘 닿는 만큼 거두었으면 얼마를 거두었느냐에 상관없이 똑같은 상을 주는 '이상한 세상'을 말씀하신 공자님이나 예수님이나, 당시 사람들에게 얼마나 엉뚱한 사람으로 보였겠어요!

그래서 공자님은 한평생 천하를 떠돌며 당신 뜻을 알아 줄 군주를 찾았지만 찾지 못했고, 예수님도 결국 당시 세상을 다스리던 이들에 의하여 십자가를 지셨던 것입니다. 하지만, 오늘날 사람들이 공자님 시절의 군주들이나 예수님 시절의 유대 인 지도자들은 기억조차 못하고, 오히려 그들에게 배척 받았던 공자님과 예수님을 잊지 못하는 까닭은 무엇일까요?

3편 射不主皮사부주피는
爲力不同科위력부동과니
古之道也고지도야니라.

활을 쏠 때 과녁 뚫기를 주로 하지 않는 것은
사람들 힘이 모두 같지 않기 때문이니
옛날에는 그랬다.

오직 한 길이 있을 뿐

一以貫之 일이관지

일이관지一以貫之란 말은 '하나로 꿰뚫다.'는 뜻인데, 공자님이 제자인 증자曾子에게 당신의 가르침에 대하여 하신 말씀이에요.

《논어論語》 제4, 이인里仁편에 기록되어 있는데 앞뒤 문장을 읽어보면 이렇습니다.

공자님이 말씀하셨다.

"삼參아, 내 가르침은 하나로 꿰뚫려 있다."

증자曾子가 대답하였다.

"예!"

공자님이 나가시자, 다른 제자들이 물었다.

"방금 무슨 말씀을 하신 것이오?"

증자가 대답하였다.

"선생님의 가르침에는 다만 충忠과 서恕가 있을 뿐입니다."

삼參은 증자曾子의 이름인데, 옛날 중국 사람들은 누구를 높여 부를 때 이름 대신 자子를 붙여서, 예컨대 공구孔丘는 공자孔子, 증삼曾參은 증자曾子로 불렀답니다.

하루는 공자님이 당신의 어린 제자 증삼에게 "내 가르침은 하나로 꿰뚫려 있다."고 말씀하셨어요. 왜 갑자기 이런 말씀을 하셨는지는 설명이 없어서 모르겠습니다만, 증삼이 선생님께 뭐라고 여쭈었고, 그에 대하여 대답하신 말씀이겠지요. 아무튼 증삼은 선생님 말씀을 듣고서 단박에 그 뜻을 알아차리고 "예, 그렇군요!"이라고 대답합니다.

그런데 그 자리에 함께 있던 다른 제자들은 선생님의 말씀이 무엇을 뜻하는지 미처 몰랐던 모양이에요. 그래서 선생님이 밖으로 나가시자마자 증삼에게 묻지요.

"방금 무슨 말씀을 하신 것이오?"

그러자 증삼이 이렇게 말했다는 겁니다.

"선생님의 가르침에는 다만 충忠과 서恕가 있을 따름입니다."

여기서 공자님이 말씀하신 '하나[一]'와 증자가 말한 '충서忠恕'가 같은 것임은 짐작하겠는데, 왜 증자는 선생님의 '하나'를 '충과 서' 둘로 나누어 말하고 있는 것일까요?

우선 충서忠恕라는 말을 어떻게 읽느냐가 문제인데요, 공자님의 가르침을 가장 잘 해설한 학자들 가운데 한 사람인 주자朱子는 이렇게 풀었어요.

"자기를 다하는 것을 충忠이라 하고盡己之謂忠(진기지위충), 자기를 미루는 것을 서恕라 한다."推己之謂恕(추기지위서)

이것은 무슨 뜻일까요? 일을 할 때 몸과 마음과 뜻과 정성을 모두 모아서 오직 그 일에만 쏟는 것이 '충'이고, 자기를 미루어 남을 헤아리는 것이 '서'라는 말입니다.

또 어떤 사람들은 충忠을 중심中心으로, 서恕를 여심如心으로 풀어서, 보이지 않는 중심으로 들어가는 것이 '충'이고, 옆에 보이는 세계로 펼쳐지는 것이 '서'라고 했더군요. 마치 한 그루 나무가 위아래로 자라면서 옆으로 가지를 뻗어 나가듯이 수직과 수평으로 살아가는 것이 제대로 살아가는 사람의 길이라는 거예요.

하루는 율법 학자 한 사람이 예수님께 여쭈었어요.

"모든 계명 가운데에서 첫째가는 계명은 무엇입니까?"
예수님께서 대답하셨다.
"첫째는 이것이다. '이스라엘아, 들어라. 주 우리 하느님은 한 분이신 주님이시다. 그러므로 너는 마음을 다하고 목숨을 다하고 정신을 다하고 힘을 다하여 주 너의 하느님을 사랑해야 한다.'
둘째는 이것이다. '네 이웃을 너 자신처럼 사랑해야 한다.' 이보다 더 큰 계명은 없다."

예수님 말씀은 먼저 하느님을 사랑하고 이어서 이웃을 사랑하라는 건데요, 증자가 말하는, 먼저 충忠하고 이어서 서恕하라는 말과 통한다고 하겠습니다. 세상 돌아가는 이치라는 것이 어디나 같거든요. 한국에서만 해가 서쪽으로 지는 것이 아니라 미국에서도 서쪽으로 지듯이 말이에요.

예수님께서 하느님 사랑을 먼저 말씀하시고 이어서 이웃 사랑을 말씀하셨듯이 증자도 먼저 충忠을 말하고 이어서 서恕를 말합니다. 이 순서가 중요해요. 먼저 이웃을 사랑하고 이어서 하느님을 사랑하라는 것이 아니에요. 이웃을 사랑하려면 먼저 하느님을 사랑하라는 건데, 이 말은 이웃을 사랑하기 전에 자기를 사랑할 줄 알아야 한다는 말입니다. 자기를 사랑한다는 게 뭘까요? 남들이야 어찌 되었든 나부터 살고 보자는 그런 걸까요? 그런 것은 이기심이죠. 이기심이야말로 사람이 품을 수 있는 가장 고약한 마음이라 하겠습니다. 생각해 보세요. 사람들이 저마다 자기 욕심만 채우려 한다면, 이 세상이 어떻게 되겠어요?

자기를 사랑한다는 것은 그렇게 자기만 위한다는 것이 아닙니다. 어떻게 하는 것이 자기를 제대로 사랑하는 것인지를 알고 싶다면 그렇게 살아가신 분들을 보고 배우면 돼요.

공자님은 이렇게 말씀하셨지요.

"군자는 옳은 일[義]에 밝고 소인은 이로움[利]에 밝다."

자기를 제대로 사랑할 줄 아는 사람은 어떻게 하는 것이 옳은 일인지를 잘 알고, 반대로 자기를 사랑할 줄 모르는 사람은 어떻게 하면 손해를 안 보고 이익을 얻게 되는지를 잘 안다는 거예요.

예수님께서는 언제 어디서나 당신이 원하는 일보다 당신을 세상에 보내신 분이 원하시는 일, 그러니까 하늘에 계신 아버지인 하느님께서 당신에게 원하시는 일을 하셨지요. 그것이 바로 예수님의 '자기 사랑'이었답니다.

나를 보내신 분께서는 나와 함께 계시고 나를 혼자 버려두지 않으신다. 내가 언제나 그분 마음에 드는 일을 하기 때문이다.

(요한 8, 29)

하늘을 향해 몸과 마음을 열어 놓고 서로 통하는 것을 충忠이라고 한다면, 그렇게 하늘과 통하는 몸으로 이웃과 서로 통하는 것을 서恕라고 할 수 있겠습니다. 몸과 마음과 정성과 힘을 다하여 하느님을 사랑하고, 바로 그 몸과 마음과 정성과 힘으로 이웃을 사랑하는 것이 예수님의 삶이었어요.

그렇다고 해서 충忠과 서恕를 동떨어진 다른 것으로 보면 안 됩니다. 그 둘은 서로 다른 것이 아니라 같은 하나[一]거든요. 동전의 앞면과 뒷면이라고 할까요? 하느님 사랑과 이웃 사랑은 서로 다른 두 가지 사랑이 아니에요. 사랑이 중심을 향하면 하느님 사랑이고 가장자리를 향하면 이웃 사랑이 되는 겁니다. 다만 여기서 우리가 명심할 것은, 충忠이 먼저요 서恕가 나중이듯이, 자기를 먼저 사랑할 줄 알아야 이웃을 제대로 사랑할 수 있다는 사실입니다.

자기가 하고 싶은 대로 하면서 자기 욕심부터 채우는 것은 자기를 사랑하는 것이 아니라 자기를 해치는 거예요. 우리가 정말 자기를 사랑할 줄 알면 이웃 사랑에 대해서는 염려하지 않아도 됩니다. 저절로 잘하게 될 테니까요.

인도의 스승으로 불리는 샨티데바가 이렇게 말했답니다. 무슨 뜻인지 한번 곰곰이 생각해 보세요.

"이 세상에 즐거움이 있다면 그것은 남들이 행복하기를 바라는 데서 오고, 이 세상에 괴로움이 있다면 그것은 자기가 행복하기를 바라는 데서 온다."

4편 一以貫之일이관지

오직 한 길이 있을 뿐

군자는 의로움에 밝다

君子 喩於義 군자 유어의

군자는 의로움에 밝고, 소인은 이로움에 밝다.

이 말은 공자님이 하신 말씀으로 《논어論語》 제4, 이인里仁편에 기록되어 있습니다. '군자'가 누구고 '소인'이 누군지를 물으면 말만 많아지고 시원한 답이 나오기 어려우니 이렇게 생각해 보기로 해요.

어떤 사람이 옳은 일에 밝아서어떻게 하는 것이 옳은지를 잘 알아서, 언제 어디서나 옳은 일만 하면 그 사람이 군자이고, 반대로 어떤 사람이 이로운 일에 밝아서어떻게 하는 것이 자기에게 이로운지를 잘 알아서, 언제 어디서나 자기 이익만 챙기면 그 사람이 소인인 겁니다.

무슨 일을 앞두고, 어떻게 하는 것이 옳은지를 먼저 생각하는 사람이 군자라면, 어떻게 하는 것이 자기한테 이로운지를 먼저 생각하는

사람은 소인이라는 말이지요.

자, 여러분은 소인이 되고 싶나요? 아니면 군자가 되고 싶나요?

여기 한 사람이 있어요. 그 사람은 돈을 많이 벌어들이는데 그러느라고 남을 속이기도 하고 슬쩍 법을 어기기도 합니다. 그 사람, 군자인가요? 아니면 소인인가요? 예, 그래요. 그 사람이 돈은 많을지 모르나 결코 군자는 아닙니다. 자기 이익을 챙기는 일은 남보다 잘하지만, 옳은 일은 하고 그른 일은 하지 않는 사람이 아니거든요. 그런 사람이 집안의 일을 맡아서 하면 그 집안이 어떻게 될까요? 그런 사람이 나랏일을 맡아서 하면 그 나라가 어찌 되겠어요?

《맹자孟子》라는 책에 이런 이야기가 있습니다.

맹자가 양梁나라 혜왕惠王을 찾아가 만났을 때, 왕이 말했다.

"늙으신 몸으로 천 리 길을 멀다 않고 이렇게 오신 것은 이 나라에 무슨 이로움을 주려는 것인지요?"

그러자 맹자가 왕에게 말했다.

"다만 사랑[仁]과 옳음[義]이 있을 따름이거늘 왕께서는 하필 이로움[利]을 말씀하십니까? 왕께서 '어떻게 하면 이 나라에 이로울까?'를 물으면 대부大夫[1]는 '어떻게 하면 우리 집안에 이로울까?'를 물을 것이고, 아랫사람들은 '어떻게 하면 내 몸에 이로울까?'를 물을 것입니다. 그러면 윗사람 아랫사람 할 것 없이 모두들 이로움만 찾아다닐 테고 나라는 위태로워질 것입니다. 천자天子[2]의 나라에서 임금을 죽이는

자는 제후諸侯³일 터이고, 제후의 나라에서 임금을 죽이는 자는 대부
大夫일 터이니, 만에서 천을 얻고 천에서 백을 얻어 쓰는 것만으로도
적지 않건만 굳이 옳은 일을 뒤로 물리고 이로움을 앞세우면 결국 남
의 것을 빼앗지 않고서는 만족할 줄 모를 것이오. 사랑할 줄 알면서
어버이를 버리는 자 없고, 옳은 일을 하면서 임금을 등지는 자는 없
습니다. 오직 사랑과 옳음을 말씀하셔야 할 왕께서 어찌 이로움을 말
씀하십니까?"

자기를 찾아온 맹자에게 왕이, 당신이 이 나라에 무슨 이익을 주겠
느냐고 물었다가 망신을 당했다는 이야기예요. 맹자는 다른 자리에
서 혜왕을 가리켜 "어질지 못한 사람不仁子(불인자)"이라고 말했더군
요. 물론 이로움을 아예 생각하지 말라는 얘기는 아닙니다. 다만 이
로움보다 먼저 의로움옳은 일을 생각하라는 거예요.

우리나라는 미국과 '쇠고기 협상'을 하느라 고생이 참 많았던 적이
있습니다. 그런데, 왜 협상이 어려웠을까요? 이유는 간단합니다. 양
쪽 나라 대표들이 군자가 아니라 소인이라서, 어떻게 하면 사람으로
사람답게 살 것인지를 묻는 대신, 어떻게 하면 우리 쪽에 더 이로울
까를 물었기 때문이에요. 만약 한국보다 여러 면에서 크고 부자인 미
국이 어떻게 하면 한국을 도와줄 수 있을까, 그래서 어떻게 하면 함

---

1 대부 : 왕 밑에서 큰 벼슬을 하는 사람
2 천자 : 큰 나라 왕
3 제후 : 작은 나라 왕

께 잘 살 수 있을까를 궁리하고 그 방법을 한국 대표와 의논했다면, 협상이 어려웠을까요? 그럴 리 없지요. 미국에서 그렇게 했다면, 우리나라도 어떻게 하면 우리보다 어렵게 사는 나라들을 도와줄 수 있을까, 그 방법을 찾겠지요. 아, 그렇게만 된다면 금방이라도 온 세계가 천국으로 바뀔 텐데요. 하지만 안타깝게도 아직은 군자 아닌 소인들이 대통령도 되고, 총리도 되고, 수상도 되어 세계 모든 나라를 다스리고 있군요.

그렇다고 해서 낙심만 하고 앉아 있을 수는 없지요. 다른 사람들이 군자로 살지 않으면 나만이라도 군자로 살아야 하지 않겠어요?

어떤 사람이 예루살렘에서 예리코로 내려가다가 강도들을 만났다. 강도들은 그의 옷을 벗기고 그를 때려 초주검으로 만들어 놓고 가버렸다. 마침 어떤 사제가 그 길로 내려가다가 그를 보고서는, 길 반대쪽으로 지나가 버렸다. 레위 인도 마찬가지로 그곳에 이르러 그를 보고서는, 길 반대쪽으로 지나가 버렸다. 그런데 여행을 하던 어떤 사마리아 인은 그가 있는 곳에 이르러 그를 보고서는, 가엾은 마음이 들었다. 그래서 그에게 다가가 상처에 기름과 포도주를 붓고 싸맨 다음, 자기 노새에 태워 여관으로 데리고 가서 돌보아 주었다. 이튿날 그는 두 데나리온을 꺼내 여관 주인에게 주면서, "저 사람을 돌보아 주십시오. 비용이 더 들면 제가 돌아올 때에 갚아 드리겠습니다."하고 말하였다.

(루카 12, 30-35)

사마리아 사람이 만일 어떻게 하는 것이 자기에게 이로울까를 먼저 생각했다면 과연 이럴 수 있었을까요? 아닐 거예요. 이익은 관두고 당장 손해가 얼맙니까? 하지만 그는 군자였어요. 그래서 강도를 만나 초주검이 된 사람을 보았을 때 어떻게 하는 것이 자기한테 이로울까를 계산하지 않고, 불쌍한 그를 위해 자기가 할 수 있는 만큼 도왔던 겁니다. 그게 사람이에요. 그래야 사람입니다.

우리는 사람의 얼굴을 하고 있지만 짐승과 다를 바 없이 제 욕심만 채우려 드는 소인들이 판을 치는 세상에서, 내 이익보다 하느님이 옳게 보실 일을 찾아 그 일을 하는 군자로 살아야 하겠습니다. 그게 사람으로 사람답게 사는 길이니까요. 그리고 여기서 한 가지 명심할 것이 있어요. 뭐냐 하면, 자기한테 이로운 쪽을 먼저 구하는 사람은 결국 아무 이익도 얻지 못하고, 옳은 일을 찾아서 그 일을 하는 사람은 참된 이익을 얻게 된다는 사실입니다.

그러므로 너희는 '무엇을 먹을까?', '무엇을 마실까?', '무엇을 차려입을까?' 하며 걱정하지 마라. 이런 것들은 모두 다른 민족들이 애써서 찾는 것이다. 하늘의 너희 아버지께서는 이 모든 것이 너희에게 필요함을 아신다. 너희는 먼저 하느님의 나라와 그분의 의로움을 찾아라. 그러면 이 모든 것도 곁들여 받게 될 것이다.

(마태 6, 31-33)

4편

君子군자는 喩於義유어의하고,
小人소인은 喩於利유어리니라.

군자는 의로움에 밝고,
소인은 이로움에 밝다.

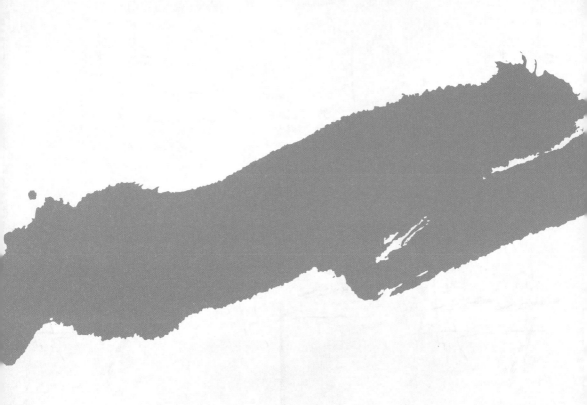

덕 있는 사람은 외롭지 않다

썩은 나무는 새길 수 없다

어째서 길로 가지 않는가?

너는 지금 금을 긋고 있다

네가 좋아하는 일을 하며 살리라

나는 숨기는 것이 없다

2

덕 있는 사람은
외롭지 않다

덕 있는 사람은 외롭지 않다

德不孤 덕불고

덕 있는 사람은 외롭지 않다. 반드시 이웃이 있다.

이는 공자님이 하신 말씀으로 《논어論語》 제4, 이인里仁편 끝 부분에 기록되어 있습니다.

누구에게 덕德이 있다는 말은 그 사람한테서 도道가 곧장 드러난다는 뜻으로 읽으면 되겠어요. 도가 곧장 드러난다? 이것이 무슨 말일까요? 좀 어렵지요?

이제부터 그것이 무슨 말인지, 함께 생각해 봅시다.

도道를 우리말로 바꾸면 '길'입니다. 어디서 어디로 가려면 길이 있어야 하지요. 예를 들어 서울에서 부산까지 가려면 기차나 자동차나 비행기를 타야 하는데 물론 두 발로 걸어도 되지요. 그것들이 모두 길로 다니잖아요? 자동차는 자동차 길이 있고, 기차는 기찻길이 있고, 비행기는 비행기 길이 있어요. 자동차가 기찻길로 갈 수도 없고 기차가 비행기처럼 날아갈 수도 없지요. 이것이 길입니다.

그런데 길이란 사람이든 자동차든 아니면 멧돼지든, 아무튼 누군가 가야만이 비로소 길이 되는 거예요. 아무도 가지 않는 길은 길이라 할 수 없습니다. 사람들이 자주 다니던 길도, 무슨 사정이 생겨서 사람들이 그리로 다니지 않게 되면, 흐르는 세월과 함께 나무들과 풀에 묻혀 사라져 버리고 말지요.

사실 '길'은 어디에나 있답니다. 우리가 밥을 먹을 때에도 길이 있어요. 밥은 숟가락으로 떠서 입에 넣고 잘 씹어서 삼켜야 해요. 그것이 밥 먹는 길이에요. 밥을 떠서 귓구멍에 넣거나 주머니에 찔러 넣으면서 '밥 먹는다.'고 할 수 있겠어요? 그건 밥을 먹는 게 아니지요. 그렇게는 밥을 먹을 수 없는 겁니다.

그러니까 어떤 사람이 어디로 가든지, 아니면 밥을 먹든지, 아니면 노래를 부르든지, 하여튼 뭘 하든지 간에 '길'을 잘 알아서 그대로 가거나 먹거나 부르면, 그 사람한테서 '도'가 잘 드러난다고 말하는 거예요. 그리고 사람이 뭘 하든지 길을 따라서 제대로 하는 것을, 그러니까 자기가 하는 일에서 '도'가 잘 드러나는 것을, '덕德'이라고 합니다.

옛날에는 곧을 직直 아래에 마음 심心을 붙여 덕悳이라고 썼어요.

그래서 어떤 선생님은 덕德을 마음[心]이 곧장[直]드러나는 것이라고 풀었더군요. 그럴듯한 풀이입니다.

그런데 '길'에는 사람들이 나중에 만들어 놓은 길도 있고 본디 처음부터 나 있는 길도 있어요. 경부선 기찻길은 사람들이 만들었지만 해가 동산에 떴다가 서산에 지고, 강물이 바다로 흐르고, 봄이 되어 꽃들이 피어나는 것은 사람들이 그렇게 만든 게 아니잖아요?

이렇게 본디부터 그렇게 나 있는 길을 '자연의 길'이라고 불러요. 자연법自然法이라고도 하지요. 헌법이나 상법 같은 것은 사람들이 만든 법이지만, 소나무에 솔방울이 달리고 도토리나무에 도토리가 맺히는 것은 본디부터 그렇게 되어 있는 자연의 법, 자연의 길이에요.

사람이 만든 길, 사람이 만든 법이 아닌 자연의 길, 자연의 법이 잘 드러나는 것, 그것을 '덕'이라고 합니다. 그렇게 사는 사람을 덕 있는 사람이라고 부르지요.

예수님께서 밖으로 나가시어 늘 하시던 대로 올리브 산으로 가시니, 제자들도 그분을 따라갔다. 그곳에 이르러 예수님께서는 제자들에게 "유혹에 빠지지 않도록 기도하여라." 하고 말씀하셨다. 그러고 나서 돌을 던지면 닿을 만한 곳에 혼자 가시어 무릎을 꿇고 기도하셨다. "아버지, 아버지께서 원하시면 이 잔을 저에게서 거두어 주십시오. 그러나 제 뜻이 아니라 아버지의 뜻이 이루어지게 하십시오."

(루가 22, 39-42)

"이 잔을 저에게서 거두어 주십시오."

이 말은 십자가에 달려 죽지 않게 해 달라는 뜻입니다. 예수님은 죽고 싶지 않으셨던 거예요. 예수님도 우리와 똑같은 사람이신데, 왜 안 그렇겠어요? 그게 사람의 마음이거든요. 그런데 예수님은 한 마디 덧붙이셨지요.

"그러나 제 뜻이 아니라 아버지의 뜻이 이루어지게 하십시오."

바로 이 한 마디 때문에 예수님은 십자가를 지셨고, 사람이 만든 길을 버리고 하느님이 주신 길을 걸어가신 겁니다.

예수님은 당신이 가고 싶은 길이 아니라 하느님이 가라고 하시는 길을 한평생 걸으셨어요. 말 한 마디, 손짓 하나 '내 맘대로'가 아니라 아버지께서 시키신 대로였지요.

나의 가르침은 내 것이 아니라 나를 보내신 분의 것이다.

(요한 7, 16)

내가 스스로는 아무것도 하지 않고 아버지께서 가르쳐 주신 대로만 말한다는 것을 깨달을 것이다.

(요한 8, 28)

이렇게, 예수님은 덕德 자체가 되셨어요. 당신 안에 있는 하느님의 길자연의 길, 자연의 법을 곧장 세상에 드러내셨다는 말입니다.

공자님 말씀이 그렇게 사는 사람은 외롭지 않다는 겁니다. 왜냐하면 그 사람 주변에는 반드시 이웃이 있으니까요.

하느님께서는 사람을 지으시면서 어떻게 살아야 하는지, 그 삶의 길을 아울러 주셨어요. 그냥 단순히 몸만 주신 것이 아니라 몸으로 무슨 일을 하며 어떻게 살아야 하는지 그 '길'을 함께 주셨다는 말입니다.

그건 하느님을 사랑하고 이웃을 사랑하는 길이었지요. 하느님을 사랑하고, 자기도 사랑하고, 다른 이들도 사랑하고, 그렇게 살아가는 사람이 어떻게 외로울 수 있겠어요? 향기로운 꽃에 벌, 나비가 모여들듯이 그 사람 주변에는 많은 이웃들이 모여들 수밖에요.

보세요, 자기가 만든 길이 아니라 하느님이 주신 길을 따라서 걸어간 사람들을. 예수님을 비롯하여 프란치스코 성인, 마더 데레사 수녀님 등 수많은 분들이 얼마나 많은 이웃에 둘러싸여 행복하게 사셨던가요? 물론 이 말씀을 하신 공자님도 세상을 떠나신 지 수천 년이 되었는데 지금도 여전히 헤아릴 수 없이 많은 이웃들이 그분을 따르고 있고요.

어떻게 하면 외롭지 않게 살 수 있을까, 하고 맘에 맞는 친구들을 찾아 다니기 전에, 이 몸으로 어떻게 하면 덕德을 드러낼 수 있을까 하고 생각해 보세요. 친구들 있는 곳을 찾아서 이리저리 헤매지 말고, 친구들이 내 곁으로 찾아오게 하는, 그런 사람이 되어 보자는 얘기입니다.

"하느님 뜻대로 사는 사람은 외롭지 않다. 언제나 이웃들이 그의
곁에 있기 때문이다."

4강 德不孤덕불고라. 必有鄰필유린이니라.

덕 있는 사람은 외롭지 않다. 반드시 이웃이 있다.

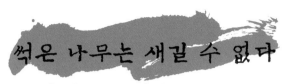

썩은 나무는 새길 수 없다

朽木 不可雕也 후목 불가조야

《논어論語》제5, 공야장公冶長편에 이런 글이 있어요.

재여가 낮잠을 잤다. 공자께서 이르시기를, "썩은 나무는 새길 수 없고, 썩은 흙담은 흙손질할 수 없다. 어찌 재여를 꾸짖으랴?"

"썩은 나무는 새길 수 없다."朽木不可雕也(후목불가조야)라는 말은 따로 설명하지 않아도 되겠지요? 썩은 나무에는 아무것도 조각할 수 없다는 말이에요. 칼을 대면 그냥 문드러지고 마는데, 그런 나무에 무슨 모양을 새겨 넣을 수 있겠어요?

그 다음, "썩은 흙담은 흙손질할 수 없다."糞土之墻不可杇也(분토지장불가오야)는 말도 같은 뜻이에요. 오랜 세월 비바람에 젖어 바야흐로 무너지게 된 흙담은 새 흙을 발라 손질해 봤자 새로 바른 흙을 견뎌내지 못하여 결국 무너지거든요.

예수님께서도 "아무도 새 천 조각을 헌 옷에 대고 꿰매지 않는다. 헝겊에 그 옷이 당겨 더 심하게 찢어지기 때문이다."(마태 9, 16)라고 말씀하셨어요.

아무리 오래된 집도 지붕이나 서까래 몇 개쯤 낡았으면 고치고 갈아서 쓸 수 있지만, 기둥이나 대들보가 썩었다면 차라리 허물고 그 터에 다시 집을 짓는 것이 현명한 일일 것입니다.

공자님에게 재여宰予라는 제자가 있었는데, 누가 그를 훌륭한 인재라고 소개했던 모양이에요. 그래서 그런 줄 알고 받아들였겠지요. 그런데 막상 겪어 보니까 소개한 사람 말대로가 아닌 겁니다. 재여가 말은 근사하게 하는데 말만 근사할 뿐, 실제로 그렇게 살지 않는 거예요. 말과 행실이 너무 다른 사람이었지요.

물론 자기가 한 말을 그대로 실천한다는 것이 쉽지는 않겠지만, 왜 있잖아요? 자기가 한 말을 그대로 실천하려고 애쓰기는커녕 조금도 그런 노력을 보이지 않고 언제나 말만 번드르르하게 늘어놓는 허풍쟁이요.

재여가 아마 그런 사람이었나 봅니다. 공자님은 그의 사람됨을 아셨지요. 어느 날 그가 낮잠 자는 것을 보시고는 다른 제자들에게, 꾸중을 하더라도 저렇게 가망이 없는 사람은 꾸짖지 말라고 시방 가르

치시는 거예요.

공자님은 정말 지혜로운 스승이셨던 것 같아요. 보통 선생이었다면 낮잠 자는 재여를 당장 깨워 세워 놓고서 호통을 치셨을 텐데, 그냥 자게 둔 다음 그를 교과서 삼아 다른 제자들을 가르치고 있잖아요? 이게 진짜 큰 스승의 모습입니다.

누가 한 말인지는 기억나지 않는데, 슬기로운 사람은 어리석은 자를 나무라지 않는다賢不責愚(현불책우)는 말이 있습니다. 슬기로운 사람은 썩은 나무에 조각을 하거나 썩은 흙담에 새 흙을 발라 손질하는 짓을 하지 않는다는 말이에요. 그러니 슬기로운 사람이지요. 반성할 마음이 전혀 없는 사람에게 반성하라고 하거나 달라질 가망이 조금도 없는 사람에게 달라지라고 하는 것은 어리석은 바보들이나 하는 짓이라는 얘기입니다.

하루는 재물 많은 젊은이가 예수님께 와서 여쭈었어요.

"제가 영원한 생명을 얻으려면 무슨 선한 일을 해야 합니까?"

예수님은 그에게,

"네 이웃을 너처럼 사랑하라."

라는 계명을 지키면 된다고 대답하셨지요. 그러자 그가 다시 여쭈었어요.

"그런 것들은 제가 다 지켰습니다. 아직도 무엇이 부족합니까?"

예수님은 그가 도저히 받아들이지 못할 폭탄 같은 말씀을 던지셨어요.

"가서 너의 재산을 팔아 가난한 이들에게 주어라. 그리고 와서 나를 따라라."(마태 19, 16-22)

왜 이렇게 엄청난 요구를 하셨을까요? 아마 예수님께서는 그 젊은이에게 영생을 얻고자 하는 마음이 있는지는 모르나 그럴 준비가 조금도 되어 있지 않은 것을 보셨던 것 같아요. 그래서 그로 하여금 차라리 슬픈 얼굴로 돌아가게 하신 거지요.

그가 만일 "예, 제가 '네 이웃을 너처럼 사랑하라'는 계명을 알고 있습니다만 그대로 하지 못해서 이렇게 가슴이 아픕니다."라고 대답했더라면 예수님도 네 재산을 다 팔아 가난한 이들에게 주라는 심한 말씀을 하시지 않았을지 모릅니다. 그가 정말로 이웃을 자기 몸처럼 사랑했다면 많은 재물을 쌓아 둘 수가 없는 거예요. 안 그래요? 당장 굶어서 죽어 가는 이들이 대문 밖에 있는데, 그들을 자기 몸처럼 사랑한다면서 어떻게 자기 집 창고에 내후년까지 먹고도 남을 양식을 쌓아 둘 수 있단 말입니까? 그 젊은이는 자기가 하는 말을 스스로 지키고 있지 않다는 사실조차 까마득하게 모르고 있는 거예요. 그런 사람에게 영원한 생명을 얻는 방법을 아무리 자세하게 일러준들 그것은 썩은 나무에 조각을 하거나 썩은 흙담에 흙을 발라 손질하는 것과 마찬가지로 어리석고 소용없는 짓이지요.

슬기로운 사람이 어리석은 사람을 꾸짖지 않는 까닭은 그가 슬기롭기 때문이에요. 슬기로우니까, 해 봤자 아무 소용도 없거니와 오히려 상대로부터 조롱이나 받을 어리석은 짓을 하지 않는 겁니다.

사람만 그런 게 아니에요. 한 나라도 뿌리까지 썩어서 무너지지 않고는 도저히 배길 수 없는 경우가 있습니다. 그럴 때, 그 무너지는 나라를 어떻게 해서든지 지키고 다시 일으켜 세우려고 목숨을 내놓는 사람들이 있지요. 역사책은 그들을 '충성스러운 백성'으로 기록하겠지만, 공자님이나 예수님이 보실 때에는 썩은 나무에 조각을 하고 헌옷을 새 헝겊으로 깁는 사람처럼 보이지 않겠어요?

썩을 것은 썩고 무너질 것은 무너지는 게 맞습니다. 그것이 세상 이치입니다.

예수님께서 성전에서 나가실 때에 제자들 가운데 한 사람이 말했습니다. "스승님, 보십시오. 얼마나 대단한 돌들이고 얼마나 장엄한 건물들입니까?" 그러자 예수님께서 그에게 이르셨다. "너는 이 웅장한 건물들을 보고 있느냐? 여기 돌 하나도 다른 돌 위에 남아 있지 않고 다 허물어지고 말 것이다."

(마르 13, 1-2)

5편

朽木후목은 不可雕也불가조야요,
糞土之墻분토지장은 不可杇也불가오야니.

썩은 나무는 새길 수 없고,
썩은 흙담은 흙손질할 수 없다.

어째서 길로 가지 않는가?

何莫由斯道也 하막유사도야

사람이 어디에서 어디로 가려면 길을 거쳐야 합니다. 예를 들어 서울에서 부산으로 가려면 경부선 기차를 타든지, 자동차로 경부 고속도로를 타든지, 아니면 비행기로 하늘을 날아야 하지요. 서울에서 부산까지 이어 주는 '길'이 있으니까 사람이 갈 수 있는 겁니다. 그러하기에 사람 사는 곳이면 어디에나 있는 것이 길이지요. 골목에는 골목길, 숲에는 숲길, 바다에는 바닷길이 있어서 그리로 사람들이 다니는 거예요.

하지만 길은 땅이나 바다나 하늘에만 있는 게 아니랍니다. 우리가 무엇을 먹는 데도 길이 있어요. 아무렇게나 무엇이나 함부로 먹을 수는 없습니다. 또 무엇을 먹으려면 그것을 입에 넣어야 합니다. 아무리 급해도 눈이나 귀에 음식을 넣을 수는 없는 일이에요. 잔칫집에 가서 떡이나 과자를 주머니에 잔뜩 넣고 나오며 "어, 잘 먹었다!"고 말하는 사람 보았어요? 사람이 무엇을 먹으려면 '입'이라는 '길'을 반드시 거쳐야 하는 것입니다.

세상에는 사람이 먹을 수 있는 것과 먹을 수 없는 것이 있으므로, 먹을 수 있는 것을 먹는 것, 그것이 무엇을 먹는 길입니다. 아무리 먹고 싶어도 먹어서는 절대 안 되는 것이 있거든요. 사람이 독버섯을 먹으면 어떻게 되나요? 예, 죽습니다. 그러니까 독버섯은 먹으면 안 되는 거예요.

이끼는 돌에 붙어서 돌을 먹고 살 수 있는지 모르겠습니다만, 사람은 생명체를 먹어야 합니다. 하느님께서 그렇게 만드셨어요. 그러니까 쌀이나 밀, 보리, 콩으로는 떡을 만들 수 있지만 돌이나 쇠붙이로는 떡을 만들 수 없다는 말입니다. 쌀로 떡을 만드는 데는 '길'이 있지만 돌로 떡을 만드는 데는 '길'이 없거든요.

예수님께서 광야에서 사십 일 동안 아무것도 잡수시지 않고 기도하실 때 배가 많이 고프셨어요. 그때 악마가 와서 예수님을 꾀었습니다.

당신이 하느님의 아들이라면 이 돌들에게 빵이 되라고 해 보시오.

(마태 4, 3)

열세 살 내 인생의 첫 고전 논어

돌을 빵으로 만들어 당신이 하느님의 아들임을 증명해 보이라는 것이었지요. 그러나 예수님은 악마의 꾐에 넘어가지 않으셨어요. 돌로 빵이 되게 하는 것은 '사람이 음식을 만들어 먹는 길'이 아니었거든요. "내가 길이다."(요한 14, 6)라고 말씀하신 분이 어떻게 하느님이 만드신 길을 어기거나 벗어나실 수 있겠습니까?

사람이 어디를 가든지, 무엇을 하든지, 길이 이끄는 대로 가거나 길을 좇아서 하면 힘들지 않습니다. 저 강물이 힘들이지 않고 바다로 흐르고, 저 낙엽이 아무 수고도 하지 않고 떨어지듯이 말이지요.

그런데도 많은 사람이 길 아닌 데로 가 보려고, 또는 길이 없는 데서 이리저리 헤매느라고 저렇게 고생들을 하는군요. 그런데 요즘에만 그런 게 아니라 옛날에도 그랬던가 봅니다.

《논어論語》제6, 옹야雍也편에 공자님이 이렇게 말씀하시는 대목이 나옵니다.

누가 문을 거치지 않고 밖으로 나갈 수 있으랴? (그런데) 어째서 사람들이 이 길로 가지 않는가?

사람이 방 안에 있다가 밖으로 나가려면 문을 거쳐야 합니다. 그것이 밖으로 나가는 길이거든요. 지붕이나 벽을 뚫고서 나가는 건 '길'로 나가는 것이 아닙니다.

그런데 공자님이 보시기에는, 사람들이 바깥출입은 문을 통해서 제대로 하는데 다른 일에는 길을 무시하거나 아예 그런 것이 있는 줄도 모른다는 듯이 아무렇게나 함부로 하고 있다는 거예요.

장사를 하는 데도 길이 있고, 정치를 하는 데도 길이 있습니다. 돈을 버는 일이나 나랏일을 하는 것이나, 아무나 마구 할 수 있는 것이 아니에요.

돈만 벌 수 있다면 이래도 좋고 저래도 좋다는 말, 그건 사람 입에서 나올 말이 아닙니다. 국회의원이나 대통령이 될 수만 있다면 거짓말 좀 해도 괜찮다는 생각, 그건 사람 가슴에서 나올 만한 생각이 아니지요.

좀 어려운 말입니다만, "목적이 수단을 정당화한다."는 말이 있어요. 목적만 좋으면 그것을 이루고자 어떤 방법을 써도 좋다는 뜻이지요. 바로 이 말에 속아서 얼마나 많은 사람들이 억울한 피를 흘리며 죽어야 했는지 모른답니다.

그렇지 않아요! 목적이 아무리 좋다 해도 그것을 이루기 위한 방법(길)이 옳지 않으면 그 방법을 써서는(그 길로 가서는) 안 되는 겁니다. 그것이 바로 공자님과 예수님의 가르침이에요.

내가 진실로 너희에게 말한다. 양 우리에 들어갈 때 문으로 들어가지 않고 다른 데로 넘어 들어가는 자는 도둑이며 강도다.

(요한 10, 1)

그래서 예수님은 당신이 하느님의 아들이라면 성전 꼭대기에서 뛰어내려 그것을 증명해 보이라는 악마의 꾐에 넘어가지 않으셨고, 세상 모든 나라와 그 영광을 줄 테니 한 번만 내게 절하라고 꾀는 악마에게 "사탄아 물러가라!"고 호통을 치셨던 겁니다. (마태 4, 4-10)

공자님도 "자리가 바르지 않으면 앉지 않으셨다."席不正(석부정), 不坐(부좌)고 했어요. 사람들을 속이거나 누구를 억울하게 하면서 만들어 놓은 자리에는, 거기가 아무리 높고 영화스런 자리라 해도, 앉지 않으셨다는 거예요.

그것이 평생토록 길만 좇아서 살다가 마침내 세상의 '길'이 되신 분들의 삶이었습니다.

6편 誰能出不由戶^{수능출불유호}리오마는,
何莫由斯道也^{하막유사도야}오.

누가 문을 거치지 않고 밖으로 나갈 수 있으랴?
(그런데) 어째서 사람들이 이 길로 가지 않는가?

너는 지금 금을 긋고 있다

今女畫 금여획

이런 속담 들어 봤나요?

"오르지 못할 나무 쳐다보지도 마라."

또 이런 속담도 있지요.

"가다가 중지 곧 하면 아니 감만 못하니라."

어떻게 생각해요? 나는 이 속담들을 좋아하지 않아요. 올라가지 못할 나무라고 해서 쳐다보지도 못합니까? 그런 법이 어디 있어요? 사람이 다리가 아프거나 손을 다쳤으면 나무에 오르지 못하겠지요. 그렇다고 해서 그 나무를 쳐다보지도 말라는 건 뭡니까?

어쩌면 이 속담은 사람의 신분을 양반과 상민으로 갈라놓고 살던 시절에 상민 총각이 양반 처녀를 사랑하여 넘보는 짓을 하지 말라는 뜻으로 만든 것인지 모르겠습니다. 해도 되지 않을 일은 아예 손도

대지 말라는 겁니다. 그러나 해 보지도 않고서 어떻게 되고 말고를 알 수 있겠어요?

"가다가 중지 곧 하면 아니 감만 못하니라."는 속담은 더 고약해요. 물론 무슨 일을 하다가 쉽게 중단하지 말라는 좋은 뜻으로 읽을 수도 있겠지만, 그보다는 중도에 그만두려면 아예 떠나지도 말라는 뜻으로 읽기가 쉬운 속담이거든요. 한 발을 가다가 그만두더라도 아예 가지 않는 것보다는 낫지 않아요? 여러분의 생각은 어떤가요?

이 속담에는 "결과가 최고 가치다."라는 생각이 숨어 있어요. 무슨 말이냐면, 사람이 하는 일의 가치를 '결과'에 두어서, 누가 그 일을 왜 하고, 어떻게 하느냐 보다 그 일을 해서 무엇을 이루었느냐를 보고, 잘했다고 또는 못했다고 판단하는 거예요. 그러다 보니 사람이 무슨 일을 하든지 그 일에 성공을 해야 인정도 받고 박수도 받는 이상한 세상이 되고 말았습니다.

하지만 그렇지 않아요. 떳떳하지 못한 성공보다 떳떳한 실패가 훨씬 아름다운 거예요. 가다가 힘이 모자라 그만두게 되더라도 있는 힘을 다해 한 발짝, 두 발짝 걸어가다 보면 그곳에 인생의 가치와 아름다움이 있는 겁니다.

하루는 염구冉求라는 제자가 공자님께 여쭈었어요.
"선생님 말씀을 좋아하지 않는 것은 아닙니다만, 저는 힘이 모자랍니다."

공자님은 이렇게 말씀하셨지요.

"힘이 모자라는 사람은 중도에 그만둔다. 너는 지금 금을 긋고 있다."

이 대화는 《논어論語》 제6, 옹야雍也편에 나오는데요, 염구가 이런 말을 하기 전에 공자님이 다른 제자인 안회顔回를 칭찬하는 말씀을 하십니다.

"안회는 어진 사람이다. 한 그릇 밥과 한 바가지 물로 허름한 집에 살면서, 다른 사람들 같으면 근심, 걱정에 묻혀 있을 터인데 그 즐거움을 고치지 않으니 회는 참으로 어진 사람이다."

안회는 젊은 나이에 죽었지만 공자님이 아끼고 사랑했던 제자입니다. 밥 한 그릇에 물 한 바가지一簞一瓢(일단일표)를 먹고 마시며 허름한 집에 살았지만 먹고사는 일로 근심, 걱정하지 않고 가난 때문에 그 즐거움을 고치지 않았다는군요. 不改其樂(불개기락)

그가 가난 때문에 고치지 않은 '즐거움'이 무엇인지는 설명이 없어서 모르겠습니다만, 그것이 무엇이든 결국은 찢어지게 가난하지만 즐겁게 살았다는 얘기가 아니겠어요? 가난한 살림살이가 그의 '즐거운 삶'을 앗아 가거나 방해하지 못했다는 겁니다.

위 대화는 안회를 칭찬하는 스승의 말을 듣고 염구가 "선생님 말씀을 좋아하긴 합니다만, 저는 힘이 모자랍니다."라며 자기가 안회처럼 살지 못하는 것을 변명하고 있는 거랍니다. 그러자 공자님은 이렇게 말씀하셨습니다. "힘이 모자라는 사람은 중도에 그만둔다. 너는 지금 금을 긋고 있는 것이다."

생각해 봅시다. 염구가 안회처럼 살지 '못하는' 겁니까? 안회처럼 살 만한 힘이 자기한테는 없다고 力不足(역부족) 말합니다만, 정말 그럴까요? 밥 한 그릇에 물 한 바가지로 허름한 집에 살면서 인생을 즐기는 일이 정말 힘이 없어서 할 수 없는 일입니까?

> 예수님께서 길을 떠나시는데 어떤 사람이 달려와 그분 앞에 무릎을 꿇고 "선하신 스승님, 제가 영원한 생명을 얻으려면 무엇을 해야 합니까?"하고 물었어요. 예수님이 "계명을 알고 있지 않느냐? 그대로 하여라."하고 대답하시자 그가 말합니다. "스승님, 그런 것들은 제가 어려서부터 다 지켜 왔습니다." 예수님이 다시 그에게 이르셨지요. "너에게 부족한 것이 하나 있다. 가서 가진 것을 다 팔아 가난한 이들에게 주어라. 그러면 네가 하늘에서 보물을 차지하게 될 것이다. 그리고 와서 나를 따라라." 그러나 재물이 많은 그는 이 말씀에 울상이 되어 슬퍼하며 떠나갔습니다.
>
> (마르 10, 17-22)

그 부자가 가진 것을 다 팔아서 가난한 이들에게 주지 '않은' 겁니까, '못한' 겁니까? 그에게 힘이 없거나, 누가 못 하게 막아서 그렇게 하지 '못한' 것이 아닙니다. 자기 재물을 팔아서 가난한 이들에게 주는 것을 금하는 법이라도 있습니까? 아니면 무슨 특별한 재주를 부려야 하나요? 아닙니다. 자기가 하면 하는 거예요. 그러니까 그 사람은 그렇게 '못한' 것이 아니라 그렇게 '하지 않은' 것입니다.

그 부자는 예수님 말씀대로 해 보려고도 하지 않고, 아예 "그건 못해. 난 안 돼."하고서 돌아가 버렸지요. 공자님 제자 염구처럼 자기 발 앞에 금을 긋고서 "난 이 금을 넘을 수 없어. 역부족이야!"라고 말하는 겁니다.

세상에 아무 힘도 없는 사람은 없습니다. "힘이 모자란다."는 말은 지금 뭔가를 하고 있는 사람이 할 수 있는 말이에요. 아예 시작조차 하지 않은 사람 입에서는 나올 수 없는 말입니다. 힘을 써 보지도 않고서 힘이 모자라는지 남는지 어떻게 안단 말입니까?

염구는 자기가 선생님 말씀을 좋아하지 않는 건 아니라고 했지요. 그가 선생님 말씀을 좋아했다면 머리로만, 생각으로만, 말로만 좋아했던 겁니다.

제자의 길은 머리만으로, 생각만으로, 말만으로 갈 수 있는 길이 아니에요. 몇 걸음을 걷다가 힘이 부쳐서 그만두게 되더라도, 지금 당장 두 발에 몸을 싣고 스승의 뒤를 따라 걸음을 옮겨 놓는, 거기에 제자의 길이 있는 것입니다.

6편 力不足者역부족자는 中道而廢중도이폐하나니,
今女금여는 畵획이로다.

힘이 모자라는 사람은 중도에 그만두네,
너는 지금 금을 긋고 있다.

내가 좋아하는 일을 하며 살리라

從吾所好 종오소호

부자가 되고자 한다고 해서 되는 것이라면

나 또한 무슨 짓이라도 하겠다.

그러나 그것이 되고자 한다고 해서 되는 것이 아니라면

나는 내가 좋아하는 일을 하며 살리라.

이 말씀은 《논어論語》 제7, 술이述而편에 기록되어 있습니다. 공자
님이 이렇게 말씀하신 것을 보면, 누가 그분께 "어째서 선생님처럼
능력 있는 분이 많은 재산을 모아서 부자로 살지 않느냐?"고 물었던
모양입니다.

옛날에도 사람들은 부자로 사는 것을 좋아했나 봅니다. 뭐든지 없
는 것보다 있는 것이 더 낫고, 조금 있는 것보다 많이 있는 것이 낫다

2부 · 덕이 있는 사람은 외롭지 않다

95

고 생각하는 거지요.

하지만 모든 사람이 다 그렇게 생각한 건 아니랍니다. 부자로 사는 것을 좋게 여기기는커녕 오히려 많은 재물이 사람을 불행하게 만들 수 있다고 생각하는 사람들도 있었습니다.

하루는 어떤 사람이 예수님께 달려와서 무릎을 꿇고, "어떻게 하면 영원한 삶을 얻을 수 있겠습니까?" 하고 여쭈었어요. 예수님이 그에게 "네가 계명들을 알고 있느냐?"고 물으셨지요. 그가 대답하기를, "그것들은 제가 어려서부터 다 지켰습니다." 그러자 예수님이 그에게 말씀하셨습니다. "너에게 부족한 것이 하나 있다. 가서 가진 재물을 팔아 가난한 이들에게 주어라. 그런 다음 나를 따라라." 이 말씀을 듣고 그는 울상이 되어 슬퍼하며 떠나갔지요.

(마르 10, 17-22)

마르코는 그가 슬퍼하며 떠나간 이유를 "많은 재물을 가지고 있었기 때문이다."(마르 10, 22)라고 기록했어요. 다시 말하면 부자였기 때문에 영원한 생명으로 가는 길을 알고도 그 길을 가지 못 했다는 겁니다.

무엇이 그의 길을 가로막았던 걸까요? 그가 가지고 있었다는 많은 재물입니까?

재물이란 사람이 살아가는 데 꼭 필요한 것이지만 그것이 사람보다 더 중요한 것은 아닙니다. 그런데 자칫 잘못하면 그것을 사람보다 소중하게 여겨서, '돈 몇 푼 때문에' 우정에 금이 가거나 사람 목숨을 해치는 일까지도 일어나지요. 그러니까 부자가 영원한 생명을 얻지 못한 것을 재물돈 탓으로 돌려서는 안 되는 거예요. 재물은 그냥 재물일 뿐입니다.

어떤 사람을 행복하게 하거나 불행하게 만드는 것은 재물이 아니라 그것을 쓰며 살아가는 바로 그 사람 자신이에요. 그에게 재물이 아무리 많아도 바르게 잘 쓰면 행복하게 살 것이고, 반대로 그에게 재물이 아무리 적어도 잘못 쓰면 불행하게 되는 겁니다.

그러니까 문제는 어떤 사람에게 재물이 많고 적음에 있는 게 아니라, 그가 자기한테 있는 재물을, 그것이 많든 적든 간에, 어떻게 쓰느냐에 달려 있다고 하겠습니다.

앞의 사건 직후에 예수님께서는 "부자가 하느님 나라에 들어가는 것보다 낙타가 바늘귀로 빠져나가는 것이 더 쉽다."(마르 10, 25)는 유명한 말씀을 남기셨지요.

여기서 말씀하신 '부자'는 단순히 많은 재물을 가진 사람이 아니라, 자기가 가진 재물을 아끼는 마음에 사로잡혀서 그보다 더 소중한 일들을 보지 못하고, 하지 못하는 사람을 가리킨다고 보아야 하겠습니다. 재물을 혼자서 가지고 있는 것보다 그것을 가난한 이들과 나눠 쓰는 것이 훨씬 더 값진 일임을, 예수님이 가르쳐 주셨는데도 못 알아들었던 거예요.

세상에는 재물 많은 부자를 부러워하는 사람들도 있지만, 그보다 더 가치 있는 일을 알고 그 일을 하면서 살아가는 이들도 많답니다. 공자님도 그런 사람들 가운데 한 분이셨어요. 그분은 다른 사람들보다 많은 재물을 가지고 부자로 사는 것을 부러워하지 않으셨습니다. 오히려 그분이 좋아하신 것은 스승의 가르침을 배워 익히고 그래서 알게 된 것을 제자들에게 나눠 주는 것이었어요. 그래서 이런 말씀을 남기셨습니다.

거친 밥 먹고 맹물 마시고 팔베개하고 누웠어도 그 가운데 즐거움이 있다. 바르게 쓸 줄 모르면서 많은 재물을 가지거나 높은 벼슬자리에 앉는 것은 나에게 뜬구름과 같다.

그렇다고 해서 공자님이 부자를 무조건 틀렸다고 말씀하신 건 아닙니다. 다만 부자로 사는 것은 당신이 좋아하는 삶이 아니라는 말씀을 하신 거예요.

누구든지 자기가 하고 싶은 일을 하면서 사는 게, 그게 잘 사는 겁니다. 아무리 많은 돈을 벌어도 돈 버는 일 자체가 즐겁지 않으면, 그러면 그 사람은 불행한 사람이지요. 공자님은 바로 그걸 말씀하시는 겁니다.

"나는 부자로 살 사람이 아니다. 왜냐하면 부자로 사는 것보다 더 값지게 생각되는 삶이 내게 있기 때문이다. 따라서 나는 부자가 되려고 애써 봐도 괜한 수고만 할 뿐 부자로 살기는 어려운 사람이다. 해봐도 되지 않을 일을 위해 아까운 세월을 허비하느니, 내가 하고 싶은 일을 하면서 살겠다."

사실 돈이라는 게 아무나 벌고 싶다고 해서 벌 수 있는 게 아니거든요. 생각해 봐요. 누구든지 자기가 원하기만 하면 부자로 살 수 있는 그런 세상이 과연 있을까요?

어떤 일에 성공한 사람을 보면 그 일이 자기 적성에 맞고 따라서 그 일을 하는 것 자체가 행복하고 신명이 나는 그런 사람입니다. 화가 이중섭 선생님은 온종일 앉아서 황소 그림을 수백 장씩 그려도 시간 가는 줄 몰랐다지요? 그런 사람이 화가로 성공하는 거예요. 만일 그에게 누가 그림 같은 것 집어치우고 장사를 해서 부자가 되라고 했다면 뭐라고 대답했을까요? 어쩌면 공자님 말투를 빌려 이렇게 대답했을지 모르겠습니다.

"부자라는 게 아무나 되고자 한다고 해서 되는 것이라면 나 또한 무슨 짓이라도 하겠다. 그러나 그건 내 성격에도 안 맞고 내 체질에도 안 맞는다. 따라서 나는 부자 되기가 처음부터 글러 먹은 사람이다. 그러니 나는 내가 좋아하는 그림을 그리며 살겠다."

7편 富而可求也부이가구야인댄 雖執鞭之士수집편지사라도

吾亦爲之오역위지어니와

如不可求여불가구인댄 從吾所好종오소호리라.

부자가 되고자 한다고 해서 되는 것이라면
나 또한 무슨 짓이라도 하겠다.
그러나 그것이 되고자 한다고 해서 되는 것이 아니라면
나는 내가 좋아하는 일을 하며 살리라.

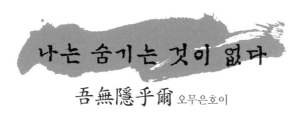

나는 숨기는 것이 없다

吾無隱乎爾 오무은호이

대사제는 예수님께 그분의 제자들과 가르침에 관하여 물었다. 예수님께서 그에게 대답하셨다. "나는 세상 사람들에게 드러내 놓고 이야기하였다. 나는 언제나 모든 유대 인이 모이는 회당과 성전에서 가르쳤다. 은밀히 이야기한 것은 하나도 없다. 그런데 왜 나에게 묻느냐? 내가 무슨 말을 하였는지 들은 이들에게 물어보아라. 내가 말한 것을 그들이 알고 있다."

(요한 18, 19-21)

군인들이 예수님을 붙잡아 대사제 한나스에게 끌고 갔을 때, 한나스와 예수님이 주고받은 대화 한 토막입니다. 대사제가 예수님께 "그대가 누구며 사람들에게 무엇을 가르쳤느냐?"고 묻자 예수님께서

"나는 사람들에게 숨기는 것이 없다. 언제 어디서나 모든 사람이 듣는 데서 드러내 놓고 말했다. 그러니까 내가 무슨 말을 했는지 알고 싶으면 사람들에게 물어보라."고 대답하셨다는 거예요.

그렇습니다. 예수님한테는 사람들이 말하는 무슨 '비밀' 같은 것이 따로 없었어요. 달리 말하면, 그분께는 아무도 모르게 감추고 싶은, 또는 사람들한테 들키면 곤란한, 무슨 켕기는 구석이 전혀 없었다는 말입니다.

어떻게 하면 사람이 그렇게 될 수 있을까요? 답은 간단하지요. 윤동주 시인이 노래한 것처럼, "하늘을 우러러 한 점 부끄럼이 없기를" 바라고, 실제로 그렇게 살면 되는 거예요. 굳이 감추어야 할 부끄러운 짓이나 나쁜 짓을 하지 않았는데 왜, 무엇을, 숨기겠어요? 빛은 모든 사물을 드러나게 하지만 다른 것들을 드러나게 하기 전에 저를 먼저 드러냅니다. 아무리 깜깜한 밤에도, 아니 깜깜하면 깜깜할수록, 빛은 자기를 숨기지 못해요. 그게 빛입니다. 세상에는 빛처럼 살아가는 사람이 있어요. 예수님이 그런 분이셨고, 공자님도 그러셨던가 봅니다.

하루는 공자님이 제자들에게 말씀하셨어요.

자네들, 내가 무엇을 감추던가? 나는 아무 숨기는 게 없다네! 나는 자네들한테 드러내지 않고 숨어서 하는 일이 없어. 그게

나일세.

이 말씀은 《논어論語》 제7, 술이述而편에 기록되어 있습니다. 아마도 공자님 제자들이 '우리 스승님에게는 우리가 모르는 뭔가가 있는가 봐. 그러지 않고서야 우리하고 스승님하고 이렇게 다를 수 없지.'라고 생각했던 모양입니다. 같은 사람인데 자기네는 생각도 못하는 일을 스승님은 태연하게 하고 계시거든요. 그런가 하면 자기들은 아무리 하지 않으려고 해도 저절로 되는예를 들면, 누가 자기를 헐뜯을 때 화가 나서 대들거나 무슨 잘못을 저질렀을 때 그것을 변명하고 감추려 하는 일을 하지 않는 것이 스승님에게는 조금도 힘들어 보이지 않는단 말입니다.

한번은 이런 일이 있었어요. 진陳나라 사패司敗가 공자님께 "소공노나라 임금은 예禮를 아는 사람입니까?" 하고 물었어요. 공자님이 그렇다고 대답하셨지요. 그러자 사패가 공자님의 다른 제자인 무마기巫馬期에게 자기 생각을 말했어요.

"소공이 예를 아는 사람이라고? 군자는 편을 가르지 않는다 했거늘, 당신네 스승은 그러지 않는가 보오. 소공이 오나라에 장가들면서 자기 성을 바꿔 사람들을 속였는데, 그런 사람이 예를 안다고 하면 예를 모른다고 할 사람이 어디 있겠소?"

무마기가 이 말을 스승님께 전해 드렸을 때, 공자님은 당신이 잘못 말한 것을 감추거나 변명하는 대신 이렇게 말했어요.

나는 참으로 다행이구나! 내게 허물이 있으면 남들이 그것을 반드시 알려주니 말이다!

제자들이 스승님에게 뭔가 자기들은 모르는 '비밀'이 있나 보다고 생각한 것은 조금도 이상한 일이 아니에요. 그렇게 자기네하고 스승님하고 달랐거든요. 하지만 스승과 제자가 그렇게 다른 이유는 스승님에게 뭔가 비밀이 있어서가 아니라 오히려 그런게 도무지 없어서였답니다. 제자들은 감추고 싶은 게 많았지만, 스승님은 도무지 감추거나 숨길 일이 없었던 거예요.

7절 二三子_{이삼자}는 以我爲隱乎_{이아위은호}아
吾無隱乎爾_{오무은호이}로라
吾無行而不與二三子_{오무행이불여이삼자} 是丘也_{시구야}니라.

자네들, 내가 무엇을 감추던가?
나는 아무 숨기는 게 없다네!
나는 자네들한테 드러내지 않고 숨어서 하는 일이 없어.
그게 나일세.

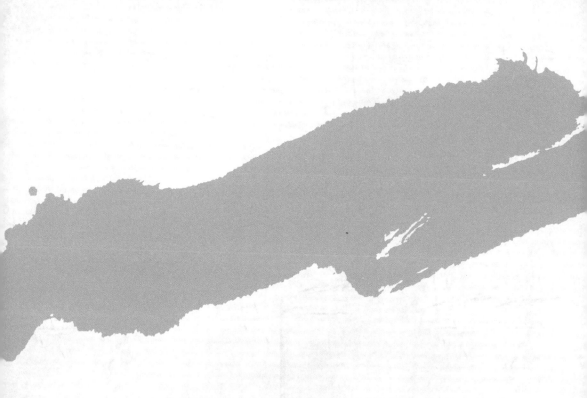

공자님한테 없는 것들
날씨가 추워진 뒤에야
"사람이 다쳤느냐?"
지나침은 모자람과 같은 것이다
군자는 서로 어울리면서 같지 않고
마을 사람 모두가 그를 좋아한다면?
자기를 위한 배움

3

지나침은
모자람과 같은 것이다

공자님한테 없는 것들

子絶四 자절사

스승께는 네 가지가 없으셨으니, '뜻'이 없고, '반드시'가 없고,
'고집'이 없고, '나'가 없으셨다.

《논어論語》 제9, 자한子罕편에 있는 이 말은 공자님의 한 제자가 자
기 스승을 두고 "그분은 이런 분이셨다."고 한마디로 설명한 말입니
다. 그러니까 자기가 보기에 공자님은 "이것이 내 뜻이다."라고 정하
신 것이 없고, 따라서 반드시 해야만 하는 무엇이 없고, 움켜잡고 놓
으려 하지 않는 굳어진 마음이 없고, 마침내 '나'라는 것이 따로 없는
그런 분이셨다는 겁니다.

이 글을 두고 양陽씨 성을 가진 어떤 분이, "지혜가 있어 성인聖人을
충분히 알고 자세히 살펴보아 말없이 깨달은 사람이 아니고서는 이

렇게 기록하지 못했을 것이다."라고 했더군요.

자기 스승에 대하여, 그분은 이런 분이시라고 말한다는 게 여간 어려운 일이 아닌데, 과연 누가 이렇게 기록했는지는 모르겠지만, 제대로 보고 제대로 깨달은 것만은 사실인 듯합니다. 왜냐하면 "나라고 주장하는 무엇을 따로 가지지 않은 사람"이야말로 세계가 성인이라고 떠받드는 분들의 공통점이니까요.

무슨 말인지 모르겠다고요? 어렵다고요? 그럴 거예요. 사실 이런 말은 아무나 할 수 있는 말도 아니요, 아무에게나 할 수 있는 말도 아니거든요.

그렇지만 공자님이 어떤 분인지를 설명하는 여러 말들 가운데 이 말처럼 그분의 진짜 얼굴眞面目(진면목)을 잘 설명한 말도 없지 싶어서 간단하게나마 무슨 뜻인지를 살펴보기로 하겠습니다.

우선 알아 두어야 할 것은, 이 말이 "내가 하고 싶은 대로 하는데 조금도 법도를 어김이 없다."고 몸소 말씀하신 인류 최고의 스승에 대한 설명이라는 사실입니다. 그러니까 여러분 가운데, "나도 그래." 또는 "나도 그래야지."라고 생각하는 이가 있다면 그건 너무 성급한 생각일 거예요. 사실 공자님이 몸소 "내게는 네 가지가 없다."고 말씀하신 것도 아니고, 어느 제자가 보기에 그러셨다는 것 아닙니까?

물론 "언제고 나도 그럴 수 있을거야." 또는 "나도 그럴 수 있으면 참 좋겠다."고 생각하는 이들이 많았으면 좋겠습니다. 그게 성인들의 삶이나 생각을 기록한 책을 읽는 독자의 바람직한 태도일 테니까요!

여러분, 유명한 황희 정승 얘기 들어보셨지요?

어느 날, 머슴 둘이 다투었는데, 그중 하나가 황희 정승에게 자기가 옳고 상대방이 그르다고 하니까, 황희 정승이 "자네 말이 옳네." 하더랍니다. 그런데 조금 있다가 다른 머슴이 와서 똑같은 말로 자기가 옳고 상대방이 그르다고 하니까, 황희 정승은 또 "자네 말이 옳군." 하는 거예요. 그것을 보고 세 번째 머슴이 "영감님, 둘이 서로 싸웠는데, 이쪽도 옳고 저쪽도 옳다고 하시면 어떻게 되는 겁니까?" 하고 따지자, 황희 정승은 "자네 말도 옳네." 하더라는 겁니다.

중세기 페르시아_{이란}에도 똑같은 내용의 이야기가 전해 내려오는 것을 보면, 이게 조선 초기 황희 정승이라는 한 분에게 있었던 이야기라기보다는 동서고금의 인류가 도달한 가장 높은 지혜의 이야기라고 하는 게 옳겠습니다.

아무튼, 황희 정승은 어째서 이쪽도 옳고, 저쪽도 옳고, 그럴 수 없다는 쪽도 옳다고 말한 걸까요? 아마 네 번째 머슴이 와서 또 무슨 말을 해도 "네 말도 옳다."고 대답했을 거예요. 이것이 바로 '나'라는 게 따로 없는 사람의 모습이랍니다. '나'가 없으니 나의 뜻도 없을 수밖에요. 나의 뜻이 없는데 무엇을 단단하게 움켜잡거나, 꼭 해야 한다고(하면 안 된다고) 주장하겠어요?

노자老子라는 분도 이렇게 말씀하셨지요.

성인은 굳어진 마음이 따로 없고 온갖 사람들 마음을 자기 마음
으로 삼는다.

차암수정此菴守靜이라는 스님은 이런 시를 썼어요.

흐르는 물이 산 아래로 내려가는데
내려가겠다는 뜻이 따로 있어서가 아니요,
조각구름이 마을 어귀로 돌아오는데
돌아오려는 마음이 본디 있어서가 아니다.
사람들 마음이 저 구름과 물만 같다면
쇠로 된 나무에 꽃 피어 온 누리 가득 봄이련만.

자, 한번 생각해 봅시다. 어떤 사람이 "이게 나다!"라고 주장하는
일이 없어요. 그러니까 그에게는 "이건 내 것이다."라고 말할 수 있는
것도 없지요. 내가 없는데 내 것이 어떻게 있겠어요? 따라서 그에게
는 반드시 해야 할 일도 없고 단단하게 움켜잡을 것도 없습니다. 그
런 사람하고 누가 다툴 수 있겠어요? 허공을 상대로 씨름할 수 없듯
이, 아무도 그런 사람하고는 싸울 수가 없을 거예요. 그러니까 그 사
람이 있는 곳에는 다툼도 없고 전쟁도 없는 겁니다.

하지만 그런 사람이 어떻게 있을 수 있느냐고요? 있어요. 있어도 아주 많이 있지요. 지금 막 태어난 아기들을 보세요. 젖먹이들에게는 위의 네 가지가 따로 없습니다. 그러기에 젖먹이들은 남하고 싸우지를 못해요. 세상 사람이 모두 젖먹이처럼 된다면 어떻게 전쟁이 벌어질 수 있겠어요?

그러니까 공자님이 지금 막 태어난 아기 같은 그런 분이셨다는 이야기입니다. 예수님께서도 어린아이 같은 사람만 하느님 나라에 들어간다고 말씀하셨지요.

하느님의 나라는 이 어린아이들과 같은 사람들의 것이다.

(루카 18, 16)

노자 선생님도 "젖먹이로 돌아가는 것復歸于嬰兒(복귀우영아)"이 마음 공부의 목표라고 하셨습니다.

흐르는 물이나 떠다니는 구름을 보세요. 그것들에는 "이것이 나다!"라고 말할 수 있는 '굳어진 모양'이 따로 없습니다. 평평한 곳에서는 평평하게 괴어 있고, 가파른 곳에서는 가파르게 흐르고, 그게 물이에요.

예수님은 "나는 내 뜻이 아니라 나를 보내신 분의 뜻을 실천하려고 하늘에서 내려왔다."(요한 6,38)라고 말씀하셨고 그대로 하셨습니다.

공자님처럼, 예수님도, 단단히 붙잡고 끝까지 이루어야 할 '나의 뜻'
이 따로 없으셨던 거예요.

어때요? 공자님처럼, 예수님처럼, 구름처럼, 물처럼, '나'라는 것이
따로 없이 그렇게 살아 볼 생각 있어요? 있다면, 우선 내 생각이나 주
장을 너무 고집스럽게 밀고 나가지 않는 일부터 시작해 보는 게 어떨
까요? 그러면 한 가지는 분명히 이루어질 거예요. 뭐냐고요?
  상대가 누구든 간에, 지금보다는 그와 덜 다투고 덜 싸우게 될 겁
니다, 틀림없이!

9절 子絶四자절사러시니,
母意무의, 母必무필, 母固무고, 母我무아러시다.

스승께는 네 가지가 없으셨으니,
'뜻'이 없고, '반드시'가 없고, '고집'이 없고, '나'가 없으셨다.

날씨가 추워진 뒤에야

歲寒然後 知松柏之後彫也 세한연후 지송백지후조야

산에 나무들이 많지요. 봄에는 꽃을 피우고 여름에는 푸른 잎으로 온몸을 덮어, 멀리서 보면 온통 초록빛 덩어리입니다. 하지만 가을이 되면 나무들마다 붉고 누런색으로 단풍이 들고, 단풍이 든 잎들은 시들어 아래로 떨어지지요.

그런데 가을 지나 겨울이 되어 눈서리가 온 세상을 덮어도 푸른 잎을 지우지 않는 나무들이 있어요. 그중에도 흔한 것이 소나무와 잣나무랍니다.

온갖 나무들이 갈색 낙엽을 떨어뜨리고 앙상하게 뼈만 남아 있을 때 소나무와 잣나무는 그 푸른 잎을 오히려 자랑하듯이 우뚝 서 있는 거예요.

공자님이 말씀하셨습니다.

날씨가 추워진 뒤에야 소나무와 잣나무가 나중 시든다는 사실을 알게 된다.

이 말씀은 《논어論語》 제9, 자한子罕편에 기록되어 있어요.

날씨가 따뜻하여 나무들이 살기 좋은 시절에는, 모든 나무들이 푸른 옷을 입고 있으니까, 소나무와 잣나무도 그 속에 섞여 있어서, 사람들 눈에 잘 띄지 않습니다. 그런데 나무들이 잎을 떨어뜨리고 알몸으로 돌아가는 겨울이 되면 비로소 소나무와 잣나무의 푸른 모습이 두드러져 보이는 거예요.

그래서 옛날부터 어려운 시절에도 평소의 생각과 말과 행동을 바꾸지 않는 선비들사람 살아가는 방법을 배운 사람들을 송백松柏, 소나무와 잣나무에 견주었지요.

유명한 성삼문 선생이 죽기 전에 마지막으로 읊었다는 노래, 잘 알지요?

이 몸이 죽어가서 무엇이 될고 하니
봉래산 제일봉에 낙락장송 되었다가
백설이 만건곤할 제 독야청청하리라.

이 몸이 죽어서 무엇이 되고자 하느냐 하면, 봉래산 제일 높은 봉우리에 가지를 늘어뜨린 커다란 소나무 되었다가 흰 눈이 온 세상을

3부·지나침은 모자람과 같은 것이다

덮을 때 홀로 우뚝 서서 푸르게 빛나겠다는 뜻이에요.

앞에서 말했지만, 흰 눈이 내리고 찬 서리가 온 세상을 덮기 전에는 소나무와 잣나무가 시들지 않고 푸른 잎을 그대로 달고 있다는 사실이 잘 드러나지 않는 법이지요. 다시 말하면 소나무와 잣나무의 제 모습정체이 잘 드러나 보이지 않는 겁니다.

사람도 마찬가지예요. 어려운 일이 닥치지 않으면 그 사람의 참모습이 드러나지 않습니다. 그래서 예수님은 산 위에서 설교를 마치신 다음 이렇게 말씀하셨지요.

그러므로 나의 이 말을 듣고 실행하는 이는 모두 자기 집을 반석 위에 지은 슬기로운 사람과 같을 것이다. 비가 내려 강물이 밀려오고 바람이 불어 그 집에 들이쳤지만 무너지지 않았다. 반석 위에 세워졌기 때문이다. 그러나 나의 이 말을 듣고 실행하지 않는 자는 모두 자기 집을 모래 위에 지은 어리석은 사람과 같다. 비가 내려 강물이 밀려오고 바람이 불어 그 집에 휘몰아치자 무너져 버렸다. 완전히 무너지고 말았다.

(마태 7, 24-27)

비가 내려 강물이 불어나고 바람이 휘몰아치기 전에는 모래 위에 지은 집과 반석 위에 지은 집이 잘 가려지지 않는 거예요. 눈 내리고 서리가 세상을 덮기 전에는 소나무와 다른 나무들이 잘 구별되지 않는 것처럼 말입니다. 그러나 추운 겨울이 되면 소나무와 잣나무의 푸른 색이 드러나듯이, 비가 내리고 바람이 불면 슬기로운 사람의 반석 위에 지은 집도 분명하게 제 모습을 드러내지요. 학교에서 시험을 보지 않으면 제대로 공부했는지, 공부하는 척만 했는지 알 수 없지 않겠어요?

그러기에 어려운 일을 겪지 않으면 그 사람의 됨됨이를 알 수 없는 겁니다. 하던 일이 잘못되면 그때야 비로소 평소 예수님 말씀을 귀로만 듣고 몸으로 살지 않은 사람인지, 귀로 듣고 몸으로 산 사람인지를 알 수 있는 거예요.

예수님과 제자들이 배를 타고 밤바다를 항해할 때 처음에는 바람도 잔잔하고 파도도 높지 않기에 제자들이나 예수님이나 모두가 평안했어요. 그런데 갑자기 바람이 사나워지면서 파도가 높아지자 믿음이 없는 제자들은 죽을까 봐 겁을 내며 아우성을 쳤지요. 그런데 예수님은 어떻게 하고 계셨던가요? 예, 태평스레 주무셨어요. 거친 파도가 닥치자 제자들과 예수님의 본모습이 드러난 겁니다.

물론 앞의 공자님 말씀을, 그러니까 소나무와 잣나무가 다른 나무들보다 훌륭한 나무라는 뜻으로 읽으면 곤란합니다. 그건 잘못 읽은 거예요. 공자님 말씀인즉, 어려운 일을 겪어야 그 사람의 됨됨이를 비로소 알 수 있다는 것입니다.

사람은 누구나 어려운 일을 겪게 마련이지요. 개인으로 겪기도 하고 집단으로 겪기도 합니다. 그런데 그 어려운 일을 피하거나 막으려고 헛고생하지 말고, 자기가 어떤 사람인지를 알아보는 거울로 삼는다면 어떻게 될까요? 그래서 자기가 그동안 예수님 말씀을 듣는 척만 하고 그대로 따라서 살지 않은 사람인 줄 알게 된다면 그래서 이제부터라도 제대로 한번 살아 봐야겠다고 결심하게 된다면, 그 어려운 일이 얼마나 고마운 은총이겠습니까?

　요즘 금융 위기니 뭐니 하면서 경제가 어렵다고, 취직도 안 되고, 장사도 안된다고 야단들입니다. 인류가 큰 어려움을 겪고 있는 거지요. 지금이야말로, 우리가 평소에 어떻게 살아왔는지를 알아볼 수 있는 좋은 기회가 아닐까요? 돈이 먼저고 하느님이 나중인 사람들은 뿌리 뽑힌 나무처럼 시들 것이고, 하느님이 먼저고 돈이 나중인 사람들은 아무 흔들림 없이 잘 살 것입니다. 개인도 그렇고 사회도 그렇고 국가도 그래요. 지금이야말로 온 인류가 정신 차려서, 자기한테 있는 것을 나눌 줄은 모르고, 지금 충분히 있는데도 더 많이 가지려고, 지금 배불리 먹으면서도 더 많이 먹으려고 터무니없이 욕심 부리는 큰 잘못을 뉘우치고 돌아서야 할 때입니다. 그러지 않으면, 서리 맞은 잎들이 시들어 떨어지듯, 하늘 높이 쌓아 올린 저 문명의 탑들이 와르르 무너지고 말 거예요.

9편 歲寒然後세한연후에
知松柏之後彫也지송백지후조야니라.

날씨가 추워진 뒤에야
소나무와 잣나무가 나중 시든다는 사실을 알게 된다.

"사람이 다쳤느냐?"

傷人乎 상인호

이런 말 들어봤나요?

"사람 나고 돈 났지, 돈 나고 사람 났냐?"

무슨 뜻일까요? 예, 사람이 먼저고 돈은 나중이라는 말입니다. 돈보다 사람이 더 중요하다는 말이에요. 그런데 왜 이런 말이 생겨난 걸까요? 사람보다 돈을 더 중요하게 여기는 사람들이 있기 때문이지요.

예수님께서 안식일보다 사람이 먼저요, 더 중요하다고 말씀하셨습니다.

안식일이 사람을 위하여 생긴 것이지, 사람이 안식일을 위하여 생긴 것은 아니다.

(마르 2, 27)

그렇게 말씀하신 까닭은 안식일을 지키는 것이 배고픈 사람 먹이는 것보다 중요하다고 말하는 사람들이 있었기 때문입니다.

얼마 전에 한 남자가 보험금을 타려고 자기 아내를 차로 치어 죽인 끔찍한 일이 있었어요. 말하기조차 꺼려지는 일입니다만, 안타깝게도 그런 일들이 날마다 벌어지고 있는 곳이 우리가 지금 살고 있는 이 세상이랍니다.

보세요. 얼마나 많은 사람이 오늘도 돈이 되는 일이라면 그게 무슨 일이든 가리지 않고 덤벼듭니까? 어쨌거나 돈만 벌 수 있다면 친구를 등져도 좋고 형제를 속여도 좋고 아무래도 좋은 거예요.

이런 어처구니없는 일이 오늘 우리가 사는 세상에만 있는 건 아니었나 봅니다. 공자님이 사시던 때에도 사람보다 돈재물을 먼저 생각하고 더 중요하게 여기는 일들이 있었던 모양이에요.

하루는 공자님이 조정朝廷에 나가셨는데 그 사이에 마구간에 불이 났어요. 저녁 나절, 공자님이 퇴근해서 집으로 돌아오시자 누군가 "마구간에 불이 났습니다."하고 말씀드렸지요. 그러자 공자님이 그에게 "사람이 다쳤느냐?"하고 물으셨다는 거예요. 《논어論語》 제10, 향당鄕黨편에 있는 글입니다.

---

1 조정 : 임금과 신하가 함께 나라일을 의논하는 곳

마구간에 불이 났다. 조정에서 돌아오신 공자님은 "사람이 다쳤느냐?" 하시고, 말에 대하여는 묻지 않으셨다.

마구간에 불이 났답니다. 그럼 당연히 말이 어찌 되었느냐고 물어야 하는 것 아닌가요? 그런데 사람이 다쳤는지를 물으시고, 말에 대하여는 아무것도 묻지 않으셨다는 거예요.

왕양명王陽明이라는 학자는 이 글을 다르게 읽어서, 사람이 다쳤는지를 먼저 물으신 다음 말에 대해서도 물으셨다고 해석했습니다만, 나는 "사람이 다쳤느냐 물으시고 말에 대하여는 묻지 않으셨다."고 읽은 주자朱子의 해석이 옳다고 봅니다. 공자님이 말에 대하여 아무것도 묻지 않으신, 바로 그 사실에 숨은 뜻이 있다고 생각하기 때문이지요. 누구나 으레 궁금하게 여길 것말에 대한 안부을 아예 묻지도 않고 사람이 다쳤느냐고 물으신 것 자체가 하나의 중요한 가르침이라는 얘깁니다.

공자님은 마구간에 불이 난 사고를 빌미로 삼아, 사람보다 재물말을 먼저 생각하고 더 중요하게 여기는 그릇된 풍조를 말없이 나무라신 거예요. 물론 말을 하찮게 여기신 것은 아니라고 봅니다.

예수님께서 안식일보다 사람이 먼저라고 하신 것은, 그러니까 안식일 법을 함부로 어겨도 된다는 말씀이 아니거든요. 다만 안식일을 지키는 것보다 사람 살리는 일이 먼저라는 말씀을 하신 거예요. 돈을

3부 · 지나침은 모자람과 같은 것이다

버는 일보다 정직하게 살고 약속을 지키는 것이 더 중요하다는 말씀입니다.

이 순서가 중요해요. 일에도 먼저 할 일이 있고 나중 할 일이 있어서, 먼저 할 일을 먼저 하고 나중 할 일을 나중에 해야 하는 거예요. 정직하게 일하고 약속을 지키는 것이 돈을 벌고 재산을 늘리는 일보다 먼저 할 일입니다. 나라 재산을 늘리려고 다른 나라 백성을 속이고 죽여야 한다면 나라 재산을 늘리지 말아야 하는 거예요. 어떤 일로 돈을 벌 수 있는데 그 일이 누군가를 다치게 하거나 속여야만 되는 그런 일이라면예를 들어 강도나 사기 억만금을 벌 수 있어도 그 일을 해서는 안 되는 겁니다.

이게 말이 쉽지만 절대로 쉬운 일이 아니에요. 왜냐하면 우리가 어려서부터 "돈이 있어야 살 수 있다.", "돈 없으면 아무 일도 안돼.", "돈이 최고야.", 이런 말도 되지 않는 말을 밥 먹듯 들으면서 살아왔거든요.

공자님이 마구간에 불이 났다는 말을 들었을 때 사람이 다쳤느냐 물으시고 말에 대해서 아무것도 묻지 않으신 것은, 더 중요한 일과 덜 중요한 일을 가리지 못하고, 먼저 할 일과 나중 할 일을 뒤바꿔서 세상을 갈수록 힘들고 어지럽게 하는 사람들의 어리석음을 꾸짖으신 것이라고 하겠습니다.

그래서 공자님은 《대학大學》에서 이렇게 말씀하셨어요.

사물에는 근본이 있고 가지가 있으며, 일에는 먼저가 있고 나중이 있으니, 먼저와 나중의 자리를 알면 먼저 할 일 먼저 하고 나중 할 일 나중 하면 도道에 가까운 사람이다.

사람이 하고 싶은 일이 있고, 그 사람을 통해서 하느님이 하고 싶으신 일이 있어요. 어느 쪽이 먼저일까요? 어느 쪽이 더 중요할까요?
　말할 것도 없이 뒤의 것이지요. 내가 하고 싶은 일보다, 나를 지으신 하느님께서 나를 통해 이루고자 하시는 그 일이 훨씬 더 중요하고 먼저랍니다. 그래서 예수님은 늘 기도하셨지요.

제 뜻대로 하지 마시고 아버지 뜻대로 하십시오.

　그리고 당신이 기도하신 대로 사셨어요. 그랬기에 우리에게 길이요, 진리요, 생명이 되시는 겁니다.

10편 廐焚구분이어늘
子退朝曰자퇴조왈 傷人乎상인호하시고,
不問馬불문마러시다.

마구간에 불이 났는데
조정에서 돌아오신 공자님은 '사람이 다쳤느냐?' 하시고,
말에 대하여는 묻지 않으셨다.

지나침은 모자람과 같은 것이다

過猶不及 과유불급

하루는 자공子貢이 공자님께 여쭈었습니다.

"사師와 상商 가운데 누가 더 어진 사람입니까?"

그러자 공자님이 대답하셨습니다.

"사는 지나치고 상은 모자란다."

그러자 다시 스승님께 여쭈었습니다.

"그러니까 사가 (상보다) 낫다는 말씀인가요?"

이에 공자님이 대답하십니다.

"지나침은 모자람과 같은 것이다."

《논어論語》제11, 선진先進편에 나오는 이야깁니다. 어때요? 우리는 흔히 모자란 것보다 남는 게 더 낫다고 생각하지 않나요? 그게 보통

사람들 생각이지요. 자공도 그렇게 생각했어요. 그래서 공자님이 사師는 지나치고 상商은 모자란다고 하시자, "그러니까 사師가 상商보다 낫다는 말씀이군요?"하고 대꾸했던 겁니다.

여기 등장하는 사師는 자장子張이라고 불리는 제자인데, 재주가 많고 뜻이 커서 항상 어려운 일을 도맡아 했던 모양이에요. 그러니 늘 중간보다 앞섰겠지요. 반대로 상商은 자하子夏라고 불리는 제자인데, 쉽게 믿으려 하지 않고 성미가 깐깐해서 매사에 조심 또 조심했던가 봅니다. 그러니 늘 중간보다 처졌겠지요?

그런데 자세히 보면 제자의 질문과 스승의 대답이 참 재미있어요. 제자는 둘 중 누가 더 어진 사람이냐고 묻는데, 스승은 하나는 지나치고 하나는 모자라다고 대답하시거든요. 누가 더 낫고 누가 더 못하다는 말씀이 아니에요. 그냥 이 사람은 이렇고 저 사람은 저렇다고 말씀하실 뿐입니다. 그러나 자공은 지나친 것이 모자란 것보다 나으니까 상商보다 사師가 낫다는 말씀이구나, 하고 자기 멋대로 생각했던 거예요.

하지만 아무리 좋은 것도 지나치면 모자란 것과 마찬가지로 좋지 않다는 것이 공자님의 가르침이었어요. 그분이 말씀하시는 가장 좋은 것은 지나치지도 않고 모자라지도 않은 적당한 것이지요. 간혹 과유불급過猶不及을 "모자란 게 지나친 것보다 낫다."는 뜻으로 잘못 읽는 사람이 있더군요. 그렇지 않습니다. 공자님 말씀은, 모자란 것과 지나친 것이 그게 그거라는, 그러니까 둘 다 좋은 것이 아니라는 그런 뜻이에요. 보십시오, 하느님이 지으신 세상은 지나침도 모자람도 없는 그런 세상입니다. 낮은 낮의 길이만큼 길고 밤은 밤의 길이만큼 길지요. 보름달은 보름달만큼 밝고 초승달은 초승달만큼 밝고 그믐밤은 그믐밤만큼 어둡습니다. 소나무는 소나무만큼 크고 참나무는 참나무만큼 크고, 개울은 개울만큼 좁고 강은 강만큼 넓지요.

그런데 유달리 사람들만 욕심을 부려서 가질 만큼 가졌는데도 더 가지려 하고, 먹을 만큼 먹었으면서도 더 먹으려 하는 거예요. 사실 지나침이나 모자람이란 말 자체가 자연 세계에는 어울리지 않는 말입니다. 사람들한테만 지나침이 있고 모자람이 있어요.

예수님께서 제자들에게 "날마다 그날 먹을 만큼의 양식을 주십시오." (루가 11, 3)라고 기도할 것을 가르치신 까닭이 바로 여기 있지요.

양식은 참 좋은 것입니다. 그것이 없으면 누구도 살 수가 없으니까요. 그렇게 좋은 것이 양식이지만, 지나치게 많이 먹으면 그게 좋지 않은 것으로 바뀐단 말입니다. 음식이 맛있다고 너무 많이 먹으면 어떻게 되지요? 배탈이 나서 고생! 그런 거예요. 너무 많이 먹는 것을 과식過食이라고 합니다. 음식은 적당하게 먹어야 해요.

어디 음식만 그렇겠어요? 뭐든지 '지나치다'라는 말이 앞에 붙으면 고약한 겁니다. 너무 빠른 과속過速, 지나치게 욕심내는 과욕過慾, 너무 마시는 과음過飮, 지나치게 쓰는 과소비過消費, 너무 심하게 일하는 과로過勞, 지나치게 무거운 과중過重, 아무튼 과過 자가 앞에 붙어서 좋은 게 하나도 없지요.

예수님은 우리에게 먹고 남을 만큼의 양식을 구하라고 가르치지 않으셨습니다. 그날 하루 남지도 모자라지도 않게 먹을 만큼의 양식을 구하라고 하셨어요. 그건 그렇게 살라는 말씀이지요. 먹을거리를 구하는 일뿐만 아니라 다른 모든 일을 넘치지도 않고 모자라지도 않게 하라는 거예요.

이렇게 공자님은 지나친 게 모자란 것보다 낫다는, 제자의 잘못된 생각을 바로잡아 주십니다. 모자란 게 좋다는 얘긴 결코 아니에요. 다만 자공이 지닌 생각, 그러니까 뭐든지 남아도는 것이 모자란 것보다 낫다는 잘못된 생각을 바로잡기 위해서, 과유불급過猶不及이라, "지나침은 모자람과 같은 것"이라고 말씀하신 겁니다.

먹을 게 없어서 배가 고픈 거야 우리가 어떻게 할 수 있겠습니까? 하지만 그만 먹을 수 있는데도 욕심을 내어서 자꾸 더 먹는 것은 우리가 얼마든지 고칠 수 있는 잘못이지요. 공자님은 우리에게, 우리 힘으로 할 수 있는 일을 하라고 가르치십니다.

"아무리 좋은 것도 너무 지나치면 탈이 된다!"

아시겠지요? 그리고 지나친 것은 우리 힘으로 넉넉히 바로잡을 수 있는 잘못입니다. 우리가 그것만 바로 잡아서 저마다 뭐든지 지나치게 하지 않는다면 당장이라도 평화롭고 살기 좋은 세상을 만들 수 있지 않을까요?

11편　過猶不及 _{과유불급}

지나침은 모자람과 같은 것이다.

군자는 서로 어울리면서
같지 않고

君子 和而不同 군자 화이부동

군자君子가 제대로 배워서 사람답게 살 줄 아는 사람이라면 소인小
人은 그렇지 못한 사람이라고 하겠습니다. 그런데요, 누가 '군자'인
지, '소인'인지를 어떻게 알 수 있을까요?

그것은 그 사람이 하루하루를 어떻게 살고 있는지를 보면 알 수
있습니다. 예수님께서는, 열매를 보고 나무를 알듯이 사람은 그 행
실을 보고 안다고 하셨지요.

《논어論語》에는 공자님이 군자는 이렇고 소인은 저렇다고 견주어
서 말씀하신 대목이 여러 군데 있습니다. 오늘 읽어 볼 말씀도 그 가
운데 하나입니다.

《논어論語》제13, 자로子路편에는 이런 말씀이 기록되어 있습니다.

군자는 서로 어울리면서 같지 않고, 소인은 서로 같으면서 어울리지 않는다.

서로 어울리면서 같지 않다니? 무슨 뜻으로 하신 말씀일까요? 어렵게 생각할 것 없습니다. 여기 꽃밭이 있어요. 채송화, 민들레, 백일홍, 맨드라미가 피어 있네요. 그 꽃들 모양이 어떤가요? 서로 똑같습니까? 아니에요. 같지 않아요. 저마다 제 색깔 제 모양으로 피어 있지요. 채송화는 채송화로, 민들레는 민들레로, 백일홍은 백일홍으로, 맨드라미는 맨드라미로 피어 있습니다.

그렇게 서로 저마다 다른 모양이지만 한데 어울려 아름다운 꽃밭을 이루고 있잖아요? 군자들의 살아가는 모습이 그와 같다는 겁니다. 저마다 다른 모습으로 다른 일을 하면서 사는데도 서로 다투지 않고 사이좋게 어울려 사는 거예요.

반대로, 서로 같으면서 어울리지 않는다? 무슨 말일까요? 겉모양은 똑같아요. 서로 다르지 않습니다. 그래서 겉으로만 보면 서로 똘똘 뭉친 '하나'로 보이지요. 그런데 속을 자세히 들여다보면 서로 어울리지 않는 겁니다. 저마다 자기가 잘났다면서 속으로 으르렁거리지요.

사람들이 무슨 목적을 가지고서 만들어 놓은 '모임'이라는 게 대개 그렇습니다. 겉으로 보면 'XX당', 'ㅇㅇ회'라는 깃발 아래 한 색깔, 한 모양을 하고 있지만, 조금만 속을 들여다봐도 같은 깃발 아래 모인

사람들이 저마다 속셈이 달라서 언제든지 등지고 갈라설 준비가 되어 있는 '콩가루 집안'임을 쉽게 알 수 있지요. 그래서 어제의 동지가 오늘의 적이고, 오늘의 적이 내일의 동지가 되는 이상한 일들이 계속 벌어지고 있는 겁니다. 그게 소인들이 살아가는 모습이에요.

왜 군자들은 서로 다르면서 어울리고 소인들은 서로 같으면서 어울리지 않는 걸까요? 언젠가, "군자는 의義에 밝고 소인은 이利에 밝다."는 공자님 말씀을 읽은 적이 있지요? 의義에 밝은 게 뭐고, 이利에 밝은 게 뭘까요?

하늘 이치에 마땅한 것天理之所宜(천리지소의)이 의義요, 사람의 정에서 나오는 욕심人情之所欲(인정지소욕)이 이利라고 주자朱子 선생님은 설명하셨어요. 그러니까 하느님께서 만드신 법에 따라서 사는 일에 훤한 사람이 군자이고, 자기 욕심을 채우는 일에만 훤한 사람이 소인이라는 말입니다.

또 군자는 근본에 마음을 쓴다고 했어요. 사람이 하는 일보다 일하는 사람에게 마음을 쓰고 정성을 들여야 한다는 이야기입니다. 사람이 일보다 먼저요, 더 중요하기 때문이지요. 일이 사람을 위해서 있는 것이지 사람이 일을 위해서 있는 건 아니거든요.

언제나 자기한테 이로운 것만 찾고, 그래서 자기한테 이로울 수만 있다면 약속이고 뭐고 우정이고 뭐고, 하루아침에 팽개치는 사람을 소인이라고 하는 겁니다. 그런 사람들이 어쩌다가 뜻이 모아지면 같은 옷을 입고 같은 색깔의 깃발을 흔들지만, 그래서 겉으로 보면 일

치단결된 '하나'로 보이지만, 그 뜻이 이루어지거나 깨어지는 날에는 언제 우리가 같은 편이었던가 싶을 정도로 등지고 갈라서고 다투고 그러는 거예요.

자, 그럼 이제 우리는 어떻게 할까요? 어떻게 하면 소인이 아니라 군자로 살 수 있을까요?

바오로 사도가 그 방법을 참 잘 가르쳐 주셨어요.

그러므로 주님 안에서 수인[1]이 된 내가 여러분에게 권고합니다. 여러분이 받은 부르심에 합당하게 살아가십시오.

(에페 4, 1)

사도는 우리가 받은 부르심에 합당하게 살라고 하십니다.

누가 우리를 부르셨나요? 하느님이지요, 하느님의 명命을 좇아서, 하느님의 법을 지키고 살라는 겁니다. 달리 말하면, 예수님께서 가르치시고 몸소 본을 보여 주신 대로 그렇게 살라는 거예요.

공자님 말씀으로 하면, "세상에 통달하기보다 하늘에 통달한 사람이 되라."라는 것이고, 예수님 말씀으로 하면 "썩어 없어질 양식을 얻으려고 힘쓰지 말고 영원한 생명을 누리게 하는 양식을 얻으려고"(요

---

1 수인 : 囚人, 감옥에 갇힌 사람

한 6, 27) 힘쓰라는 겁니다.

어떻게 하면, 공자님이나 예수님이 가르치신 대로 살 수 있느냐고요? 그 방법을 알려고 하기 전에 먼저 그렇게 살고 싶다는 간절한 소원을 가슴에 품으세요. 그게 순서입니다. 그런 소원을 품고, 그 소원을 늘 기억하면서 살다 보면 어느새 그분들의 가르침대로 하고 있는 자신을 발견하게 될 것입니다.

군자는 서로 어울리면서 같지 않고

13편 君子군자는 和而不同화이부동하고,
小人소인은 同而不和동이불화니라.

군자는 서로 어울리면서 같지 않고,
소인은 서로 같으면서 어울리지 않는다.

마을 사람 모두가 그를 좋아한다면?

鄕人 皆好之 何如? 향인 개호지 하여?

자공子貢이 "마을 사람 모두가 그를 좋아한다면, 어떻습니까?"
하고 물으니 공자께서 대답하셨다.
"쓸 만한 사람이 못 된다."
다시 자공이 물었다.
"마을 사람 모두가 그를 싫어한다면, 어떻습니까?"
공자께서 대답하셨다.
"쓸 만한 사람이 못 된다. 마을의 착한 사람들이 그를 좋아하고
마을의 착하지 못한 사람들이 그를 싫어하느니만 못하다."

위 이야기는 《논어論語》 제13, 자로子路편에 나오는 자공과 공자 사
이의 문답입니다.

한 사람을 마을 사람 모두가 좋아한다면 그 사람은 괜찮은 사람이냐고 제자가 묻자, 스승은 그 사람은 쓸 만한 사람이 못 된다고 대답합니다. 반대로 한 사람을 마을 사람 모두가 싫어한다면 그 사람은 어떠냐고 묻자, 역시 쓸 만한 사람이 못 된다고 하시면서, "마을의 착한 사람들이 그를 좋아하고, 착하지 못한 사람들이 그를 싫어하느니만 못하다."고 하십니다. 세상에는 온갖 사람들이 살고 있기 때문에 한 사람을 모두가 좋아하거나 모두가 싫어할 수는 없는 것인데, 그런데도 어떤 사람을 모두가 좋아한다면 그건 그 사람이 자기와 남을 속이고 있다는 증거니까 쓸 만한 사람이 아니라는 거예요.

예수님이 살아 계실 때 모든 사람이 그분을 좋아했던가요? 아닙니다. 오히려 그분을 좋아한 사람들보다 싫어하고 미워한 사람들이 더 많았어요. 그래서 당신 제자들에게 말씀하셨지요.

세상이 너희를 미워하거든 너희보다 나를 먼저 미워하였다는 것을 알아라. 너희가 세상에 속한다면 세상은 너희를 자기 사람으로 사랑할 것이다. 그러나 너희가 세상에 속하지 않을 뿐만 아니라 내가 너희를 세상에서 뽑았기 때문에, 세상이 너희를 미워하는 것이다.

(요한 15, 18-19)

누가 어떤 사람을 미워한다면 그건 그 사람이 자기 편이 아니라서

미워하는 거예요. 자기 편을 미워하는 사람은 없으니까요. 조금 전까지도 자기 편이던 사람이 무슨 일로 등을 돌리면 언제 봤더냐 싶게 그를 미워하는 것이 보통 사람들이지요. 세상엔 그런 사람들이 많답니다. 그래서 한 사람을 마을 사람 모두가 좋아할 수는 없는 거예요. 물론 한 사람을 마을 사람 모두가 싫어할 수도 없지요.

그러니까 우리더러 어떻게 하라는 거냐고요? 세상 모든 사람이 나를 좋아하게 만들 생각은 아예 하지 말라는 말씀 아닐까요?

부처님에게도 당신을 미워해서 죽이려고 한 사람들이 있었답니다. 그러니 혹여 사람들이 여러분을 미워하거나 싫어한다고 해서 풀이 죽거나 겁을 내거나 하지 말라는 거예요. 그보다 착한 사람들한테 칭찬 듣고, 착하지 못한 사람들한테 비난 받는 사람이 공자님 보시기에는 쓸 만한 사람인 겁니다.

생각해 보세요. 여기 장터에 양심도 속이고 물건도 속이며, 어떻게든지 많은 돈을 벌려고 하는 사람들이 있다고 합시다. 그런데 그들 가운데 정직하고 성실하게 장사하며, 돈을 좀 덜 벌더라도 물건을 속이려 하지 않는 사람이 있다면, 그를 어떻게 할까요? 장터에서 쫓아내려고 하겠지요. 그 사람 때문에 자기들의 허물이 드러나니까 말입니다. 그래서 그 사람이 미움 받지 않으려고 다른 사람들처럼 양심도 속이고 물건도 속인다면 어떻게 되겠어요?

예수님은 어두운 세상에 빛으로 오신 분이었기에, 어둠을 좋아하는 자들이 그분을 싫어했습니다. 누가 어둠을 좋아하는 사람들일까요? 떳떳하지 못한 일을 해서 먹고 사는 사람들, 남이 보면 곤란한 짓을 하는 사람들, 이런저런 비밀이 많은 사람들, 자기를 감추어야 하는 사람들 도둑이나 강도처럼, 그런 사람들은 빛을 싫어하지요. 자기가 드러나는 게 싫은 거예요. 그래서 요한은 예수님을 두고 이렇게 말했지요.

> 모든 사람을 비추는 참 빛이 세상에 왔다. 그분께서 세상에 계셨고 세상이 그분을 통하여 생겨났지만 세상은 그분을 알아보지 못하였다. 그분께서 당신 땅에 오셨지만 그분의 백성은 그분을 맞아들이지 않았다.
>
> (요한 1, 9-11)

한 사람이 사막의 성인에게 여쭈었어요. "어떻게 하면 이 험한 세상에서 마음의 평안을 누리며 살 수 있습니까?" 성인은 "그대의 말을 사람들이 반겨 들어주리라고 기대하지 말게. 그러면 마음이 평안할 걸세."하고 말했답니다.

그러니까 공자님 말씀은 세상 사람들 모두가 좋아하는 사람이 되겠다는 헛된 꿈을 꾸지 말라는 겁니다. 물론 세상 사람들 모두가 싫어하는 사람이 되려고도 하지 말아야겠지요.

빛을 사랑하는 사람들한테는 사랑을 받고, 어둠을 좋아하는 사람들한테는 미움을 받는 그런 사람이 됩시다. 어떻게 하면 그런 사람이 될 수 있느냐고요? 스스로 생각해 보세요. 금방 알 수 있을 거예요.

끝으로, 공자님은 왜 "마을의 나쁜 사람들이 그를 싫어한다."고 하셨을까요? 누구를 가리켜 '나쁜 사람'이라고 말하는 것과 '착하지 않은 사람'이라고 말하는 것은 크게 다릅니다. 어째서 그럴까요? 이건 매우 중요한 질문이니까, 두고두고 생각해 보세요.

13편 鄕人_{향인}이 皆好之_{개호지}면, 何如_{하여}하니잇고?

마을 사람 모두가 그를 좋아한다면, 어떻습니까?

자기를 위한 배움

爲己之學 위기지학

옛적의 배우는 사람은 자기를 위했는데, 요즘의 배우는 사람은 남을 위한다.

이 말은 《논어論語》 제14, 헌문憲問편에 있는 구절입니다. 무슨 말씀일까요?

옛날에는 배우는 사람이 자기를 위해서 공부했는데, 요즘은 배우는 사람이 남을 위해서 공부한다는 말입니다. 그래서 더 좋아졌다는 게 아니라 반대로 더 나빠졌다는 거예요. 얼핏 들으면 자기를 위해서 공부하는 사람보다 남을 위해서 공부하는 사람이 더 훌륭한 것처럼 보이지요? 그런데 왜 공자님은 거꾸로 자기를 위해서 공부하는 것이 남을 위해서 공부하는 것보다 낫다고, 옛적에는 그래서 좋았는데 요즘은 그러지 않아서 좋지 않다고 말씀하신 걸까요?

한마디로 이 말씀은, 옛날에는 배우는 사람이 자연스럽게 자연의 법도를 좇아서 공부했는데, 요즘은 배우는 사람이 자연의 법도를 어기고 사람의 욕심만을 좇아서 공부한다는, 그래서 세상이 옛날에 견주어 더욱 어지럽고 살기 힘들어졌다는 탄식입니다.

성경에서는 하느님께서 천지를 지으실 때 맨 마지막으로 사람을 지으셨다고 말합니다. 그러니까 사람도 천지 만물 가운데 하나라는 얘기지요. 천지 만물을 벗어난, 그래서 천지 만물과 동떨어진 존재가 아니라 천지 만물에 속해 있는, 천지 만물과 떨어져서는 살 수 없는 존재가 사람이라는 말입니다. 사람도 어디까지나 자연의 일부입니다. 자연 없이는 한순간도 살 수 없는 것이 사람이에요.

사람이 숨을 쉬지 않거나 물을 마시지 않고서 살 수 있겠어요? 금방 죽고 말겠지요. 그렇기에 나무나 짐승들이 자연 속에서 자연스럽게 살아가는 자연의 일부인 것처럼, 사람도 자연 속에서 자연의 일부로 자연스럽게 살아야 하는 겁니다. 그것이 가장 사람답게 잘 사는 사람의 모습인 거예요. 잘 보셔요. 자신이 아닌 남을 위해서 따로 무엇을 하는 일은 자연 세계에서 볼 수가 없는 것입니다.

물이 아래로 흐르면서 만물을 먹여 살리는 것은 틀림없는 사실이지요. 하지만 물이 아래로 흐르는 것은 물이니까 그냥 흐르는 겁니다. 나무와 풀과 짐승들을 먹여 살리기 위해서 흐르는 게 아니란 말입니다.

벌이 꿀을 모아 두는 것은 제가 겨울에 먹고 살기 위해서지 곰이나 사람에게 달콤한 꿀맛을 보여 주기 위해서가 아니라고요.

해가 밤낮으로 빛을 내뿜는 것도, 바다가 한결같이 출렁이며 흐르는 것도, 만물을 살리고 물고기들을 헤엄치게 하기 위해서가 아닙니다. 그냥 해니까 빛을 뿜는 것이고, 바다니까 출렁거리며 흐르는 겁니다. 이것이 자연의 법칙입니다. 처음부터 그냥 저 생긴 대로 사는 거예요. 남을 위해서 무슨 일을 따로 일삼아 하는 게 아닙니다.

러시아에 유명한 부녀 곡예사가 있었답니다. 하루는 아버지가 딸에게 말했어요.

"얘야, 우리가 늘 위험한 곡예를 하는데, 너는 나를 보살피고 나는 너를 보살피고, 그래야 위험을 피할 수 있을 것이다."

그러자 딸이 말했답니다.

"아니에요, 아버지. 아버지는 아버지를 잘 보살피고 저는 저를 잘 보살펴야 서로 안전하게 곡예를 할 수 있을 거예요."

누가 옳았을까요?

"얘야, 네 말이 맞다. 내가 너를 신경 쓰느라고 헛발을 디디면 너와 내가 함께 위험해지겠지. 네가 나보다 지혜롭구나!"

이 이야기는 아버지가 딸의 지혜로움을 칭찬하면서 끝이 납니다.

사람이 무엇을 하든지 먼저 그 일이 자기를 기쁘게 하고 보람 있게 하는 것이어야 합니다. 그래서 그 일을 즐겁게 하다 보면 결과적으로 남들을 즐겁게 해 주는 거예요. 그게 순서입니다. 물이 나무를 위해서 억지로(?) 흐르는 게 아니라 스스로 자연스럽게 흐르다 보니 나무를 먹여 살리는 것처럼, 우리도 자기가 좋아서 무엇을 하다 보면 남들까지 행복하게 하는 것입니다.

공자님은 지금 남을 위하지 말라는 게 아니라, 제대로 남을 위하려면 먼저 자기를 위할 줄 알아야 한다고 말씀하시는 거예요.

예수님께서도 이웃을 사랑하려면 자기를 먼저 사랑하라고, 자기를 사랑하듯이 이웃을 사랑하라고, 항상 그렇게 말씀하셨지요. 그분이 세상을 사시면서 언제나 가장 먼저 생각하신 것은 당신에게 주어진 길을 제대로 바르게 걷는 것이었습니다. 그리고 그것은 당신을 세상에 보내신 아버지의 뜻을 이루어 드리는 것이었지요.

그분이 "오늘도 내일도 그 다음 날도 내 길을 계속 가야 한다."(루카 13, 33)라고 말씀하시고 실제로 그렇게 하셨기에 결과적으로 "많은 사람을 위하여"(마르 14, 24) 계약의 피를 흘리셨고 덕분에 그분을 "믿는 사람은 누구나 멸망하지 않고 영원한 생명을 얻게"(요한 3,16) 된 것입니다.

공부하는 것 자체가 너무 좋아서 열심히 하다 보면 박사도 되고 교수도 되고, 그래서 다른 학생들에게 자신의 열매를 나눠 줄 수 있는 거예요. 그게 바른 순서입니다. 출세하려고 공부하는 것은 자연스러운 방식이 아니라서 결국 출세도 못 하지만, 공부가 좋아서 공부하는 것은 자연스러운 방식이라서 결국 출세도 하게 되는 것입니다.

누가 김연아 선수에게, 출세시켜 줄 테니 스케이트 벗으라고, 영원히 아이스링크를 떠나라고 하면 과연 그 말을 들을까요? 모르긴 합니다만, 아마 아닐 거예요. 그런 마음이었으면 세계 피겨의 여왕이라는 말도 듣지 못했을 겁니다.

공자님 말씀은 그러니까, 남을 즐겁게 해 주려고 스케이트 타지 말고 먼저 너 자신의 즐거움을 위해서 스케이트를 타라는 것입니다. 그것이 남을 즐겁게 해 주는 바른 길이거든요.

14편 古之學者고지학자는 爲己위기러니,
今之學者금지학자는 爲人위인이로다.

옛적의 배우는 사람은 자기를 위했는데,
요즘의 배우는 사람은 남을 위한다.

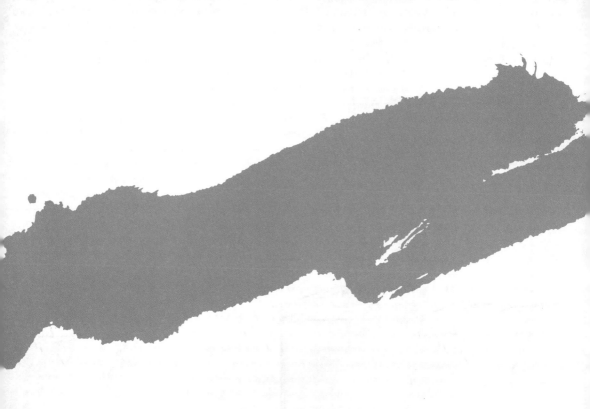

하나로 모든 것을 꿰뚫는다

자기한테서 찾다

자기가 원하지 않는 짓을 남에게 하지 마라

반드시 살펴라

잘못을 고치지 않는 잘못

4

잘못을 고치지 않는
잘못

하나로 모든 것을 꿰뚫는다

一以貫之 일이관지

《논어論語》제15, 위령공衛靈公편에, 공자님이 제자인 자공子貢과 이런 대화를 나누는 대목이 있어요.

공자님이 물으셨다.
"사賜, 자공의 다른 이름야, 너는 내가 많이 배워서 그 모든 것을 아는 사람이라고 보느냐?"
그가 대답하기를,
"그렇습니다. 아닌가요?"
공자님이 다시 말씀하셨다.
"아니다. 나는 하나로 모든 것을 꿰뚫는다."

자공은 많이 배우고 그 배운 것을 잘 기억하는 제자였답니다. 그러니까 말하자면 아는 게 참 많은 사람이었다는 얘기지요.

왜 우리들 곁에도 그런 사람 있잖아요? 만물박사라고, 모르는 게 없는 사람 말입니다. 어디서 어떻게 그 모든 지식을 얻었는지, 아무튼 무슨 얘길 해도, "음, 그건 말이야……."하고 나서서 설명을 하지요. 그런 사람이 퀴즈 대회에 나가면 물론 좋은 성적을 거두겠지요?

자공이 그런 사람이었던 모양입니다. 뭐든지 배우기를 힘쓰고 그래서 알게 된 것을 잊지 않고 빠짐없이 기억하는 사람 말이에요.

그런데요, 물론 다 그렇지는 않겠지만 대개 그런 사람들이 자기보다 아는 게 많지 않은 사람들을 깔보거나 업신여기기가 쉽단 말입니다. 그렇게 뭘 좀 남보다 많이 안다고 해서 모르는 사람을 업신여기느니 차라리 아무것도 모르는 게 훨씬 더 낫지요.

공자님은 자공에게, 나도 너처럼 공부를 많이 해서 알게 된 것을 기억하는 사람인 줄 아느냐고 물으셨어요. 자공이 그렇다고, 그런 분이 아니냐고 묻자, 한마디로 "그렇지 않다."고 대답하십니다. 당신은 이것저것 공부를 많이 해서 아는 것이 많고 그것들을 잊지 않고 기억하는 사람이 아니라는 겁니다.

여기서 공자님은 자공에게 제대로 학문하는 방법을 일러 주고 계십니다.

《대학大學》에 '격물치지格物致知'라는 말이 나옵니다. 사물을 자세히

열세 살 내 인생의 첫 고전 논어

들여다보고 연구해서 알게 된다는 뜻이지요. 그냥 추리를 해서 아는 게 아니라 대상을 자세히 보고 연구해서 아는 겁니다. 뭘 아느냐고요? 알고자 하는 대상의 전부를 꿰뚫고 있는 하나의 이치를 아는 겁니다.

예를 들어, 소나무에는 여러 부분들이 있지요. 잎도 있고 솔방울도 있고 줄기도 있고 뿌리도 있는데, 그 모든 부분을 꿰뚫고 있는 뭔가가 있는 거예요. 바로 그것을 알아내는 게 소나무를 제대로 아는 것이란 말입니다. 그 '하나'를 보지 못한 채 소나무의 모든 부분을 알려고 하면 평생을 공부해도 소나무를 알 수 없는 거예요. 소나무 잎을 모두 하나씩 잡으려고 한다면 어떻게 그럴 수 있겠어요? 그래서는 결코 소나무를 한 손으로 잡을 수 없지요.

그런데 소나무 기둥을 잡으면 한 손으로 소나무 전체를 잡은 것 아니겠어요? 비유하자면 그렇다는 말입니다. 나뭇가지 몇 개를 잘라서는 나무를 죽일 수 없지만 그 밑동을 자르면 나무 전체를 한꺼번에 죽이게 되는 거예요. 가지에서 밑동이 나온 게 아니라 밑동에서 가지가 나왔거든요.

세상 일이 무척 다양해 보이지만 그것들을 꿰뚫고 있는 이치는 언제나 단순한 거예요. 하늘과 땅에 있는 모든 것들이 하느님의 말씀에서 나왔다고, 성경은 그렇게 말하고 있지요.

하루는 예수님이 마리아와 그 언니 마르타가 사는 집에 오셨어요. 예수님이 혼자 오신 것이 아니라 제자들과 함께 오셨기 때문에 마르타는 이런저런 일로 그분들을 시중드느라고 많이 바빴지요. 그런데 마리아가 예수님 발치에 앉아서 그분 말씀에 귀를 기울이고 있는 거예요. 마르타는 마리아가 자기를 좀 도와주면 좋겠는데, 그렇다고 해서 "얘, 마리아, 나 좀 도와줘!"라고 말할 수도 없지요. 왜냐하면 지금 예수님과 마주 앉아 있거든요.

그래서 이렇게 말합니다.

"주님, 제 동생이 저 혼자 시중들게 내버려 두는데도 보고만 계십니까? 저를 도우라고 동생에게 일러 주십시오."

그때 예수님이 마르타에게 뭐라고 하셨던가요?

마르타야, 마르타야! 너는 많은 일을 염려하고 걱정하는구나. 그러나 필요한 것은 한 가지뿐이다. 마리아는 좋은 몫을 선택하였다. 그리고 그것을 빼앗기지 않을 것이다.

(루카 10, 41-42)

마리아가 선택한 그 한 가지가 무엇이었겠어요?

'예수님 말씀을 듣는 일.'

예, 바로 그것이었지요. 그런데 그 '하나'가 필요한 모든 것이라는 말입니다. 다시 말해서 그것 하나만 있으면 다른 것들은 저절로 되고, 그것 하나가 없으면 아무리 많이 해도 되는 일이 없는 거예요.

이란의 시인 루미가 이런 말을 했어요.

"이 세상에 잊어서는 안 될 일이 하나 있다. 그대가 다른 것은 다 잊더라도 이 하나를 기억한다면 후회하지 않아도 될 것이다. 그러나 다른 것을 다 기억한다 해도 이 하나를 잊는다면 그대는 아무 한 일이 없을 것이다."

여러분, 그 '하나'가 무엇일까요?

공자님은 그것을 하느님께 충성하고[忠] 이웃을 품어 주는 것[恕]이라고 하셨지요. 예수님은 하느님과 이웃을 사랑하는 것이라고 하셨고요.

그 '하나'만 알면 많이 몰라도 되는 거예요. 반대로 그 '하나'를 모르면 아무리 많이 알아도 소용이 없습니다. 하나를 알아서 모든 것을 알 수는 있지만 모든 것을 알아서 하나를 알 수는 없는 거예요.

자, 생각해 봅시다. 여러분에게는 무엇이 그 '하나'인가요?

어쩌면 그 '하나'를 찾아서 먼 길을 가는 것이 우리들의 삶인지도 모르겠네요.

하나로 모든 것을 꿰뚫는다

15편 一以貫之 일이관지

하나로 모든 것을 꿰뚫는다.

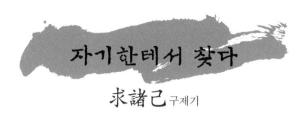

자기한테서 찾다

求諸己 구제기

막이 오르고 무대에는 가로등이 켜져 있습니다. 무대 위에서는 배우 한 명이 뭔가를 두리번거리며 찾고 있습니다. 그런데 찾는 것이 무엇인지, 아무리 둘러봐도 없는 거예요. 마침 그리로 지나가던 행인이 그에게 묻습니다.

"실례지만, 무엇을 찾고 있나요?"

"열쇠를 찾는 중이요."

"별로 바쁜 일이 없으니 나도 함께 찾아볼까요?"

"그래 준다면 고맙지요."

환한 가로등 아래 두 배우가 열심히 잃어버린 열쇠를 찾는데, 아무리 찾아도 열쇠는 보이지 않습니다. 행인이 열쇠 주인에게 묻습니다.

"그 열쇠, 여기서 잃어버린 게 맞아요?"

열쇠 주인이 대답합니다.

"아니요."

행인이 어이없다는 표정으로 묻습니다.

"그럼, 어디서 잃었소?"

"저기요."

열쇠 주인이 가리키는 곳은 불이 꺼져서 캄캄한 객석 쪽입니다.

"허어 참! 아, 저기서 잃은 물건을 왜 여기서 찾는 거요?"

열쇠 주인이 천연덕스럽게 대꾸합니다.

"여긴 환하고 저긴 캄캄하잖소?"

관객들은 웃음을 터뜨리고 짧은 코미디는 이렇게 끝이 납니다.

이것이 그냥 짤막한 코미디일 뿐이라면 얼마나 좋겠어요? 그런데 그게 아닌 겁니다. 거의 모든 사람이 그런 식으로 살고 있거든요. 문제를 풀기 위해서 끊임없이 두리번거리는데, 처음부터 답이 없는 곳에서 찾고 있단 말입니다.

얼마나 많은 사람이 지금 이 순간에도 명예, 권력, 돈, 여자 또는 남자, 좋은 직장 따위를 추구하며, 마치 그것만 손에 넣으면 당장 행복할 수 있다는 듯이 살고 있습니까?

돈을 벌 수만 있다면, 경제를 살리는 길이라면, 일류 대학에 들어갈 수만 있다면, 국회의원이 되는 길이라면 법을 어기거나 남을 속이거나 자기 양심을 억누르는 짓을 할 수도 있고, 때로는 해야 한다고

생각하는 사람들이 이른바 '출세'를 하고 있잖아요? 왜 저렇게 많은 사람들이 복권 가게 앞에 줄을 서는 걸까요?

그런가 하면, 무슨 좋지 않은 일이 일어났을 때 책임을 다른 사람이나 환경에 돌리지 않는 사람을 거의 볼 수가 없지요. 그래서 자기한테 무슨 좋지 않은 일이 생기면, 이게 다 누구 때문이다, 하면서 책임을 남에게 떠넘기는 겁니다.

사람은 누구나 자기 인생을 자기가 사는 거예요. 내가 남의 인생을 살 수는 없는 겁니다. 그러기에 어떤 사람을 행복하게 하거나 불행하게 하는 열쇠는 다른 누구한테 있는 게 아니라 자신에게 있는 겁니다.

그런데 거의 대부분의 사람들이 이 점을 잘못 알고 있어요. 내가 이렇게 행복한 것은 운이 좋아서, 아버지를 잘 만나서, 착한 아내가 있어서……, 하고들 생각하지요.

반대로 내가 이렇게 불행한 것은 부모를 잘 못 만나서, 돈이 없어서, 시험에 떨어져서……, 하고 내 안이 아닌 바깥 어딘가에서 그 이유를 찾는 겁니다. 저마다 잃어버린 열쇠를 엉뚱한 데서 찾고 있는 거예요. 행복하기를 바라지 않는 사람이 없는 이 세상에서 행복한 사람을 찾아보기 어려운 이유가 바로 여기에 있답니다.

예수님께서 이 말씀을 하고 계실 때에 군중 속에서 어떤 여자가 목소리를 높여, "선생님을 배었던 모태와 선생님께 젖을 먹인 가슴은 행복합니다."라고 예수님께 말하였다. 그러자 예수님께서 이르셨다. "하느님의 말씀을 듣고 지키는 이들이 오히려 행복하다."

(루카 11, 27-28)

무슨 얘깁니까? 예수님을 본 어떤 여자가 생각했어요.

'아, 저렇게 훌륭한 아들을 둔 어머니는 얼마나 행복한 여인인가? 나도 저런 아들이 있으면 행복할 텐데!'

하지만 예수님은 그 여자 생각에 동의하지 않았어요. 사람의 참된 행복은 밖에서 들어오는 게 아니라 안에서 솟아나는 거니까요.

부모를 잘 못 만났다고 해서 모두가 불행해지는 건 아닙니다. 돈이 없어서 불행하다고요? 천만에! 그게 아니에요. 지구에서 가장 가난한 나라들 가운데 하나인 방글라데시 사람들이 부자 나라인 미국 사람들보다 행복 지수가 훨씬 높다는 사실이 무얼 말해 주고 있나요?

훌륭한 아들이 없어도, 많은 재산이 없어도, 좋은 부모가 없어도, 하느님 말씀을 듣고 그대로 살면 누구나 행복할 수 있다는 게 예수님 말씀입니다.

그래서 공자님도 말씀하셨지요.

군자는 자기한테서 찾고, 소인은 남한테서 찾는다.

《논어論語》제15, 위령공衛靈公편에 나오는 말씀입니다.

또 이렇게도 말씀하셨지요.

군자는 위로 하늘을 원망 않고, 아래로 남을 탓하지 않는다.

어떻게 그럴 수 있을까요?

모든 문제와 해결의 열쇠가 다른 누구한테 있는 게 아니라 바로 자신에게 있음을 잘 알고 계셨기 때문입니다.

15편 君子군자는 求諸己구제기요,
小人소인은 求諸人구제인이니라.

군자는 자기한테서 찾고,
소인은 남한테서 찾는다.

자기가 원하지 않는 짓을
남에게 하지 마라

己所不欲 勿施於人 기소불욕 물시어인

하루는 자공子貢이 스승이신 공자님께 물었어요.

"한마디 말로써, 죽을 때까지 그대로 할 만한 게 있습니까?"

그러자 공자님이 대답하셨지요.

"아마도 서恕겠지!"

그런 다음 한마디 덧붙이셨어요.

"자기가 원하지 않는 짓을 남에게 하지 마라."

위는 《논어論語》, 제15 위령공衛靈公편에 나오는 이야깁니다.

자공이 공자님께 물은 것은, 평생토록 그대로 할 만한 일이 있느냐, 그것을 한마디로 하면 뭐냐는 거였어요.

그러자 공자님은 아마도 '서恕'가 그 한마디 말이겠다고 대답하십니다. 사람이 평생토록 그대로 따라서 할 만한 일이 바로 '서'라는 거예요.

'서恕'에는 크게 두 가지 뜻이 담겨 있어요. 하나는 어질다, 착하다는 뜻으로, 다른 사람 사정을 잘 살펴서 그 사람과 같은 마음을 품는다는 뜻이고, 다른 하나는 사람을 너그러이 봐준다는, 그래서 용서한다는 뜻이에요. 앞의 뜻에서 뒤의 뜻이 나왔다고 보면 좋겠네요. 서恕라는 말 자체가 '같을 여如'에 '마음 심心'을 합친 것이지요. 내 마음이 네 마음하고 같다는 말입니다.

그래요. 모든 사람이 이런 자세로 살아간다면 세상은 금방이라도 천국이 될 거예요. 생각해 보세요. 어떤 회사 사장이 자나 깨나 어떻게 하면 회사 노동자들이 행복하게 살 수 있을까, 어떻게 하면 모든 직원이 좋은 집에서 편안하게 살 수 있을까, 그것만을 생각하고 열심히 일한다면, 그 회사 노동자들이 봉급을 올려 달라고 시위하고 파업하고 그러겠어요?

그런데요, 다른 사람과 같은 마음을 먹는다는 게, 그게 그렇게 쉬운 일이 아니란 말입니다. 저마다 생각이 다르고 느낌이 다른 걸 어떡해요?

인간 세상에서 벌어지는 모든 갈등과 다툼이 바로 여기, 서로 다른 생각과 다른 감정을 사람들이 잘 다듬어 조화를 이루지 못하는 데에서 오는 것이랍니다. 생각이 같아서 다투는 사람 봤어요? 마음이 맞아서 등지는 사람 봤습니까? 없지요, 그런 사람!

공자님은 그걸 보시고, 이렇게 서로 등지고 다투며 싸우는 세상을 서로 손잡고 도와주는 화목한 세상으로 만드는 것이야말로 사람이 한평생 해볼 만한 한 가지 일이라고, 그런데 그게 바로 저 사람 마음을 내 마음에 맞추려고 할 게 아니라 내 마음을 저 사람 마음에 맞추는 데 있다고, 시방 제자에게 가르치고 있는 거예요.

예수님도 말씀하셨어요.

그러므로 남이 너희에게 해 주기를 바라는 그대로 너희도 남에게 해 주어라. 이것이 율법과 예언서의 정신이다.

(마태 7, 12)

'율법과 예언서'는 성경을 가리키는 말입니다. 그러니까 남이 나에게 해 주기를 바라는 게 있으면 바로 그 일을 남에게 해 주라는 것이, 성경의 가르침이라는 말씀이지요.

예수님의 이 말씀은 공자님 말씀을 뒤집어 하신 것인데요, 사람들은 이 말씀에 '황금률the golden rule'이라는 이름을 붙였어요. 황금처럼 언제 어디에 내놔도 썩거나 변하지 않는 법이라는 뜻이에요. 영국 사람이든 중국 사람이든, 아시아 사람이든 아프리카 사람이든, 여자든 남자든, 늙은이든 어린이든, 흑인이든 백인이든, 배운 사람이든 못 배운 사람이든, 옛날 사람이든 요즘 사람이든, 아무튼 사람이면 누구나 지켜야 하고 지킬 수 있는 그런 법이란 말입니다. 그리고 놀랍게도, 이 법 하나만 제대로 지키면 온 세상이 순식간에 행복한 천국으로 바뀔 수 있다는 거예요!

억울한 말을 듣거나 이유 없이 욕을 먹고 싶은 사람은 아마 없을 거예요. 그러니까 누구에게든 억울한 말을 하거나 이유 없이 욕을 하지 말라는 겁니다.

사람은 누구나 잘못을 저지를 수 있어요. 잘못한 사람에게, "네 잘못을 말로 타일러 줄 테니 고칠래? 아니면 매를 맞고 고칠래?" 하고 묻는다면 그 사람이 뭐라고 대답할까요? 여러분 같으면 뭐라고 하겠어요?

나 같으면, 때리지는 말고 말로 타일러 달라고, 그러면 고치겠다고 하겠습니다. 그렇다면 너도 누가 잘못했을 때 때리지 말고 말로 잘 타일러 주라는 거예요. 맞는 게 싫으니까 남을 때리지 말라는 게 공자님의 가르침이라면, 잘못한 너를 누가 말로 타일러 주는 게 좋으니까 너도 남을 타일러 주라는 게 예수님의 가르침이지요. 두 분이 같은 가르침을 주고 계신 겁니다.

그래서 바오로 사도도 말씀하셨지요.

여러분을 박해하는 자들을 축복하십시오. 저주하지 말고 축복해 주십시오. 기뻐하는 이들과 함께 기뻐하고 우는 이들과 함께 우십시오.

(로마 12, 14-15)

나를 못살게 구는 자들에게 복을 빌어 주라는 겁니다. 그들이 망하게 해 달라고 저주하지 말고 그들이 잘되게 해 달라고 복을 빌어 주라는 거예요. 왜냐고요? 내가 누군가에게 받고 싶은 것은, 상대가 누구든 간에, 그것은 축복이지 저주가 아니거든요. 내가 받고 싶은 것이 저주가 아니라 축복이니까, 상대가 누구든 간에, 저주 아닌 축복을 그에게 주라는 겁니다.

어때요? 할 수 있겠어요? 자신이 없다고요?

그래도 그냥 자신이 없다면서 주저앉아 있지 말고, 시늉이라도 좋으니 하는 데까지 해 봤으면 좋겠습니다.

예수님이나 공자님이나 우리에게 무엇을 어떻게 하라고, 또는 하지 말라고 말씀하신 것은, 우리가 그렇게 할 수도 있고 그렇게 하지 않을 수도 있으니까 그런 말씀을 하신 거예요. 아무리 해도 안 되는 일을 하라고 하셨다면 그건 그분들이 잘못 말씀하신 건데, 설마 그분들이 말도 안 되는 말을 하셨을 리는 없잖아요?

15편 己所不欲기소불욕을 勿施於人물시어인이니라.

자기가 원하지 않는 짓을 남에게 하지 마라.

반드시 살펴라

必察焉 필찰언

공자님이 말씀하셨어요.

"여럿이 싫다 하여도 반드시 살피고, 여럿이 좋다 하여도 반드시 살펴라."

이 말씀은 《논어論語》제15, 위령공衛靈公편에 실려 있습니다. 많은 사람이 싫어한다고 해서 덩달아 싫어하거나 많은 사람이 좋아한다고 해서 덩달아 좋아하지 말고, 네 눈으로 자세히 살펴보아서 과연 싫어할 만하면 싫어하고 좋아할 만하면 좋아하라는 뜻입니다. 남들이 무엇을 한다고 해서 생각도 없이 따라하지 말라는 거예요. 너도 눈이 있고 머리가 있으니 네 눈으로 보고 네 머리로 생각하면서 살라는 겁니다.

공자님이 왜 이런 말씀을 하셨을까요? 이유는 간단해요. 많은 사람이 어디로 향해 간다고 해서 거기가 어디인지 알아보지도 않고, 마치 바다의 고등어 떼가 앞장 선 고등어를 따라서 가듯이, 무턱대고 따라가는 사람들이 있기 때문입니다. 한마디로 유행을 따라서 사는 거지요. 그렇게 많은 사람이 몰려가는 곳으로 무턱대고, 거기가 어디인지, 그리로 가면 어떻게 되는지 알아보지도 않고 따라가는 것은 공자님 보시기에 사람답지 못한 모습이었어요.

예수님께서도 이렇게 말씀을 하셨지요.

너희는 좁은 문으로 들어가라. 멸망으로 이끄는 문은 넓고 길도 널찍하여 그리로 들어가는 자들이 많다. 생명으로 이끄는 문은 얼마나 좁고 또 그 길은 얼마나 비좁은지, 그리로 찾아드는 이들이 적다.

(마태 7, 13-14)

실은 예수님이 공자님보다 한 걸음 더 나아가 말씀하신 것이라고 하겠습니다. 공자님은 많은 사람이 좋아하거나 싫어한다고 해서 생각 없이 따라서 좋아하거나 싫어하지 말라는 뜻으로 말씀하셨는데, 예수님은 많은 사람이 좋아하는 것을 따라서 좋아하지 않는 것에 그치지 말고 오히려 그것을 싫어하라는 뜻으로 말씀하셨거든요.

예수님이 좁은 문으로 들어가 좁은 길로 가라고 하신 것은, 대중

大衆, 많은 사람의 흐름을 거꾸로 거슬러 오르라는 말씀입니다. 그분은 말씀만 그렇게 하시지 않고 실제로 그렇게 사셨어요. 당시 사람들이 부자는 복을 많이 받은 사람이고 가난한 자는 그렇지 못한 사람이라고 생각할 때 예수님은 오히려 그와 정반대로 생각하셨지요.

> 행복하여라, 가난한 사람들!
> 하느님의 나라가 너희 것이다.
> 행복하여라, 지금 굶주린 사람들!
> 너희는 배부르게 될 것이다.
>
> (루카 6, 20-21)

> 불행하여라, 너희 부유한 사람들! 너희는 이미 위로를 받았다. 불행하여라, 너희 지금 배부른 사람들! 너희는 굶주리게 될 것이다.
>
> (루카 6, 24-25)

하루는 헌금함에 예물 넣는 부자들을 보시다가 가난한 과부가 동전 두 닢 넣는 것을 보시고 말씀하셨지요.

> 내가 참으로 너희에게 말한다. 저 가난한 과부가 다른 모든 사람보다 더 많이 넣었다.
>
> (루카 21, 3)

그분은 당시 많은 사람이 존경하던 바리사이들을 '위선자'라고 불렀고, 거꾸로 많은 사람이 천대하던 '여자와 어린이들'을 공개적으로 사랑하고 그들 편을 들어주셨습니다. 예, 그래요. 예수님은 당시 대중의 유행을 당당하게 거슬러 오르셨어요. 이런 모습을 요즘 우리 시대에서 보여 주려면 어떻게 해야 할까요?

　자, 여기 이 사람을 보세요. 이 사람은 아무리 많은 돈이 생긴다 해도 자기 양심을 속이거나 남의 눈을 속여야 한다면 결코 그 일을 하지 않습니다. 하지 않는 정도가 아니라 그런 일을 하는 자들 곁에 가지도 않아요. 너도 나도 아이들을 학원에 보내고 특별한 학교에 입학시키려고 하지만 이 사람은 그런 데에는 관심조차 두지 않습니다. 오히려 자기 아이가 무엇을 좋아하는지, 어떻게 하면 아이에 대한 부모의 욕심보다 아이 자신의 욕구를 채워 줄 수 있을까, 그 길을 찾아 나섭니다. 그래서 그 길이 보이면, 사람들이 뭐라고 하든 말든 그 길을 가는 거예요.

　공자님뿐 아니라 옛적의 훌륭한 스승님들은 모두 세속의 흐름을 거슬러 살았습니다. 많은 사람이 좋아하는 것을 오히려 싫어하였고, 많은 사람이 싫어하는 것을 거꾸로 좋아했어요.

　노자老子 선생님은 이렇게 말씀하셨지요.

　"약하고 부드러운 것이 강하고 단단한 것을 이긴다. 작은 나라 적

은 백성이, 큰 나라 많은 백성보다 이상적이다. 물처럼 아래로 내려
가며 누구하고도 다투지 않는 사람이 가장 잘 사는 사람이다."

　노자 선생님이 이런 말씀을 하셨을 때에 세상은, 전쟁을 해서라도
나라 땅을 넓히려는, 그러려면 강하고 굳센 군대가 있어야 한다는
생각을 품은 자들이 다스리고 있었어요. 지도자들뿐 아니라 많은 백
성이 그렇게 생각했지요. 그래서 나는 위에 소개한 공자님의 말씀을
이렇게 읽어도 되지 않을까, 아니, 이렇게 읽는 게 옳지 않을까 생각
합니다.

　"중오지衆惡之**라도** 필찰언必察焉이요, 중호지衆好之**라도** 필찰언必察
焉이라."로 읽을 게 아니라, "중오지衆惡之**어든** 필찰언必察焉이요, 중호
지衆好之**어든** 필찰언必察焉이라."

　그러면 이렇게 풀이되지요.

　많은 사람이 무엇을 싫어하거든 반드시 그것을 살펴보고,
　많은 사람이 무엇을 좋아하거든 반드시 그것을 살펴보라.

　많은 사람이 무엇을 좋아하면 그것을 일단 수상하게 여기고, 많은
사람이 무엇을 싫어하면 역시 그것을 수상하게 여기되, 거기에서 그

치지 말고 오히려 그것을 거스르라는 겁니다.

왜냐고요? 우리는 떼로 몰려다니다가 떼로 죽어 가는 짐승이 아니라, 홀로 머리를 하늘에 묻고 "오늘도 내일도 그 다음 날도 내 길을 가노라."(루카 13, 33)라고 하신 분을 주님으로, 스승으로 모시고 살아가는 인간이니까요!

15편 衆중이 惡之오지라도 必察焉필찰언하며,
衆중이 好之호지라도 必察焉필찰언이니라.

여럿이 싫다 하여도 반드시 살피고,
여럿이 좋다 하여도 반드시 살펴라.

잘못을 고치지 않는 잘못

過而不改 是謂過矣 과이불개 시위과의

공자께서 이르셨어요.

"잘못을 고치지 않는, 그것을 일컬어 잘못이라 한다."

위 문장은 《논어論語》제15, 위령공衛靈公편에 나오는데요, 짧은 한 마디 속에 중요한 가르침이 들어 있다고 하겠습니다.

여러분 가운데 한 번도 잘못을 저지르지 않은 사람 있나요? 아마 없을 거예요. 이런 말 들어봤지요?

"사람은 신이 아니다."

이 말은 신이 아니니까, 사람이니까, 잘못도 저지르고 실수도 하고 그러면서 산다는 거예요!

"나는 잘못을 저지르지 않는다. 앞으로도 저지르지 않을 것이다."

이렇게 말할 수 있는 사람이 세상에 있을까요? 예, 나는 있다고 봅니다. 두 종류 사람인데요, 하나는 자기가 무슨 터무니없는 소리를 하고 있는지 모르는 어리석은 사람이고요, 다른 하나는 이른바 '성인聖人'으로 세상에 알려진 사람이지요. 그런 말을 할 자격이 없는 어리석은 사람에 대하여는 더 무슨 말을 할 것도 없고, 그런 말을 할 자격이 있는 성인들은 결코 그런 말을 하지 않으니 역시 할 말이 없군요. 하지만 자기가 무슨 말을 하는지 모르는 어리석은 바보도 아니고, 잘못을 저지르지 않는 게 아니라 잘못을 저지를 수 없는 성인도 아닌잘못을 저지를 수 있는데 안 저지르는 것과 잘못을 저지르려고 해도 저지르지 못하는 것은 크게 다릅니다. 공자님 같은 성인은 잘못을 저지르지 않는 사람이 아니라 저지르지 못하는 사람이라고 봐야 할 거예요. 보통 사람이라면 "나는 많은 잘못을 저지르며 산다."고 말해야 하지 않을까요?

아무튼 사람이니까 잘못을 저지르지 않을 수 없다면 이왕 저지른 잘못을 어떻게 하느냐? 이게 남은 문제입니다. 이 문제를 어떻게 푸느냐에 따라서 배운 사람이 되느냐 못 되느냐가 판결난다고, 공자님 제자 자공子貢은 말했지요.

군자의 잘못은 일식과 월식 같아서 잘못을 저지르면 모든 사람이 그것을 우러러본다.

잘 보세요. 배운 사람의 잘못은 일식과 월식 같다고 했어요. 해가 달에 가려서 일그러져 보이고 어두워지는 게 일식日蝕이고, 달이 지구 그림자에 가려서 일그러져 보이고 어두워지는 게 월식月蝕이잖아요? 그걸 누가 못 보겠어요? 눈 있는 사람은 모두 보겠지요. 그렇게 군자의 잘못은 사람들이 모두 알아본다는 겁니다. 그런데요, 군자가 자기 잘못을 깨닫고서 고치면, 모든 사람이 또한 그것을 본다는 거예요. 여기서 재미있는 것은, 앞에서 군자가 저지른 잘못을 사람들이 본다고 할 때는 그냥 본다는 뜻인 '견見'이란 글자를 쓰고, 뒤에 군자가 잘못을 고치는 것을 사람들이 본다고 할 때는 그냥 보는 게 아니라 우러러본다는 뜻인 '앙仰'이란 글자를 쓰고 있단 말입니다.

군자도 사람이니까 잘못을 저지를 수 있는 거예요. 자공子貢은 그렇게 보았어요. 그러니까 잘못을 저지른다는 점에서는 군자나 소인이나 마찬가지라는 얘깁니다. 다만 문제는 자기가 저지른 잘못을 어떻게 하느냐, 여기에서 군자와 소인이 갈라지는 거예요. 자기 잘못을 고친다는 말은 그것을 감추거나 남의 탓으로 돌리는 대신 깨끗하게 인정하고 두 번 다시 같은 잘못을 저지르지 않는다는 뜻 아니겠어요? 그렇게 하면 사람들이 그냥 바라보는 게 아니라 존경하는 마음으로 우러러본다는 겁니다!

왜 그를 우러러볼까요? 잘못을 저지른 게 잘못이 아니라, 그 잘못을 고치지 않는 것이, 고치기는커녕 감추고 속이고 변명하고 책임을 남에게 떠넘기고 그러는 게 진짜 잘못임을 모두가 알고 있기 때문이지요. 반면에, 자기 잘못을 스스로 깨달았든지, 남이 알려 주어서 알게 되었든지 간에 자기 잘못을 세상에 드러내어 밝히지 않고서는 그것을 고칠 수 없으니까요. 모두들 그게 보통 어려운 일이 아닌 것을 다 아는데, 그 어려운 일을 해낸 사람을 어떻게 우러러보지 않겠어요?

자, 그러면 왜 사람들은 자기 잘못을 고치지 않는 '진짜 잘못'을 저지르는 걸까요? 그 이유는 두 가지가 있는데, 하나는 자기가 잘못을 저질렀다는 사실을 몰라서고, 다른 하나는 알면서도 그걸 인정하지 않거나 인정하기 싫어서라고 하겠습니다. 자기가 잘못한 것을 모르는 사람이야, 어떻게 하겠어요? 예수님처럼 용서해 주든지 아니면 알 때까지 기다리든지 그것도 아니면 야단을 치든지…….

문제는 자기 잘못을 알았을 때 그것을 인정하고 고치느냐, 그러지 않느냐입니다. 고치면 세상의 존경을 받게 될 것이고, 끝까지 발뺌을 하거나 남의 탓으로 돌리면 이왕 저지른 잘못에 더 큰 잘못을 보태는 셈이 되어 세상의 비웃음을 사겠지요.

예수님 제자들 중에 스승을 배신한 사람은 이스카리옷 유다만이 아닙니다. '배신'이란 말이 '신의信義를 등지다'라는 뜻이니, 스승 예수님을 가리켜 한 번도 아니고 세 번이나 거푸 "나는 모르는 사람"이라고 말한 베드로도 스승을 배신한 점에서는 유다와 다를 것 없는 사람이지요.

그런데요, 둘 다 스승을 배신하는 잘못을 저질렀건만 베드로는 성인이 되고 유다는 지금도 '배신자'의 대명사로 통하는 까닭은 무엇일까요?

이유는 간단합니다. 베드로는 자기 잘못을 인정하고 그것을 고쳤는데 유다는 그러지 않았거든요. 좀 더 자세히 말하면, 베드로는 자기 잘못을 뉘우침으로써 자신을 새롭게 바꿀 수 있는 기회로 삼아 스승인 예수님께 자신을 바쳤는데, 유다는 자기 잘못을 알면서도 뉘우치지 않음으로써 예수님의 용서를 받고 새사람으로 바뀔 기회마저 없었던 거예요.

잘못을 저지른 게 잘못이 아니라 잘못을 고치지 않는 것이 잘못이라는 말씀의 뜻을 성인 베드로와 죄인 유다가 아주 잘 보여 준다고 하겠습니다.

15편 **過而不改 是謂過矣**과이불개 시위과의**니라.**

잘못을 고치지 않는, 그것을 일컬어 잘못이라 한다.